特別寄稿
前やかげ町家交流館館長・繁森良二

東洋で初めての「アルベルゴ・ディフーゾ」宿場町・矢掛町の町づくり、その魅力

この春、オープンした道の駅「山陽道やかげ宿」は、これまでの郊外型と異なり、矢掛の玄関口として商店街に隣接しており、物販飲食はありませんが、水戸岡鋭治さんデザインは斬新で、訪れた方を驚かせています。

矢掛町は、江戸時代の参勤交代で利用された本陣や脇本陣などが残る宿場町。現在も、昭和前期までに建築された建造物が多く残されている。

ここ数年、県内外から矢掛町を訪れる人が増えているという。伝統的な街並みを生かし、行政が市民を巻き込んでインフラなどハード面を整備するのと同時に、市民活動によるソフトを充実させることで、大きくかたちを変えてきた。県内でも屈指のまちづくりの成功例だともいわれている。

その先頭に立ってきたのが、前やかげ町家交流館館長の繁森良二さんだ。今年（２０２１）の6月に、8年間の矢掛町通いを無事終えた繁森さんに矢掛町のまちづくりとまちの魅力について特別寄稿してもらった。

（編集部）

矢掛は江戸時代の本陣、脇本陣が当時のまま残っている希有な町で、最近、電柱、電線が地中化され、見違えるようになりました。

クラシックカー100台が全国から集まる「ベッキオ・バンビーノ」。毎年、4月には有名な芸能人をはじめ、必ず矢掛に立ち寄るので、一目見ようと大勢が待ち受けます。

（上）「矢掛屋」の客室は、天井に太い梁を残すなど、古民家のたたずまいを満喫させてくれます。
（下）道の駅「山陽道やかげ宿」の2階は広い展望デッキや「キッズハウス」があり、ボールプールやキッチンなど、子どもの喜ぶカラフルな楽しいスペースが評判です。

（右）黒い本瓦の屋根、漆喰の白壁、格子窓などが残る矢掛の町には、吊り行灯がよく似合い、江戸情緒を醸し出します。（左）古い町並みで、夏の宵に踊る「やかげ小唄おどり」は、いまや矢掛の風物詩として、大勢の見物客で賑わいます。

宿場町と言いながら、宿がなかった矢掛に誕生した古民家ホテル「矢掛屋」。230年前の建物を中心に、いろいろなタイプの宿を展開し、世界でも珍しい「アルベルゴ・ディフーゾ」（分散型ホテル）として注目を集めています。

８年前には、ほとんど人通りの無かった矢掛の町にも、生まれ変わった姿を見ようと、近郊近在からの人で溢れ返ります。

矢掛で働くベトナムからの研修実習生を喜ばせようと始めた「ベトナムフェスティバル」も、ビンゴゲームなどで沸き返ります。

「やかげ町家交流館」で、若い観光客に、矢掛の特産品を勧める繁森前館長。

岡山人じゃが
岡山ペンクラブ 2021

2021年9月30日発行 第13号
●地域総合文化誌／岡山人じゃが2021

目次

特別寄稿

宿場町・矢掛の町興し
賑わいだけから、真に豊かな町に

前やかげ町家交流館館長　繁森良二

「岡山人じゃが」と言えば、発刊間もない頃、例会に呼ばれ、なにか話をさせてもらったことがあります。当時の会員も旧知の方が多く、図々しくお邪魔しましたが、今回は「矢掛の町興し」を写真入りで紹介するように、とのことで、お言葉に甘えた次第です。

まずは酒屋を改装して「やかげ茶屋」へ

8年前に、人を介して「古民家を活かして〝町興し〟したいので、手伝ってくれ」と矢掛町長から話がありました。当時、3度目の職場も70歳で卒業し、あの世からのお迎えを待つばかりで、「点訳」などのボランティアに精出していましたが、「口は出さないから、民間の経営ノウハウで存分にやってくれ」と口説かれ、しぶしぶ引き受けてしまいました。

自宅から毎日、片道33キロ、1時間かけての自動車通勤は、決して楽ではありませんでしたが、事故もなく通い通せて、ほっとしています。
幸い、健康には恵まれ、38歳で始めた毎朝の「スロージョギング」のお陰で、風邪一つひかず、77歳の「喜寿」を記念して、「ホノルルマラソン」42、195キロを完走しました。

当時、岡山でも「矢掛って、名前は聞いたことあるけど、どこにありますか?」という方も多く、先が思い遣られました。

とりあえず、商店街の真ん中にある古民家3軒を再生してどう活用するかを考えました。まずかつて酒屋であった家は「人が集まるところ」にしたいと思いました。商店街に面した母屋は昭和初期の建物で、改装に耐えるものでしたが、その奥に連なる離れや酒蔵は江戸時代のもので、倒れ掛かっていて手の付けようがありませんでした。

そこで、母屋の1階は矢掛の特産品を集めた売店と貸し和室にし、2階は洋間に改装し、貸会場にしました。奥の離れや酒蔵は思い切って取り壊し、新たに酒蔵風の建物に建て替え、小さな厨房も設け、「やかげ茶屋」として「軽食喫茶」が楽しめるようにしました。

矢掛の商店街は江戸時代の宿場だったところで、どの家も間口は狭いが、奥行きは100メートルくらいある、京都の町家と同じ、いわゆる「鰻の寝床」と呼ばれるような造りになっています。裏が小田川まで繋がっているこのお家の南側は芝生の広場と駐車場にしました。

軽食喫茶として誕生した新しい建物は、天井も高く、中二階まで備わっ

美しい矢掛の町並み

ており、旧家主の名を冠して「谷山サロン」と名付けました。

なんとか人の集まる名所にしようと、毎日曜日の午後はテーブルを取り除き、仮設ステージの前に、椅子を80脚並べました。２階席を入れると、１００席になります。

毎日曜日にコンサート

問題はそこで何を催すかですが、岡山の「演奏家協会」のみなさんは「繁森が矢掛で頑張るのなら」と定期的に歌手や演奏家を派遣してくれました。友人の倉敷の作陽音大の先生も学生やＯＢの音楽家を連れてきてくれ、大いに盛り上げてくれました。

矢掛でいいものをワンコイン（５００円）で聴いていただこうという発想で、学生は無料というのも好評でした。世界的に活躍しておられる音楽家も熱心にお願いすれば、趣旨に賛同して、お忙しい中をわざわざ矢掛で演奏してくださり、ファンを喜ばせてくださいました。

ホールの天井が高く、壁が木製なので音の響きがよく、一度演奏した人は、「ぜひまた」と次回の予約をして帰られます。評判を聞きつけた「おやじバンド」の皆さんも「ぜひ演奏させてくれ」と熱心に通ってくださいました。

演奏会だけではありません。講演会、朗読会、落語、詩吟、神楽など、バラエティーに富んだいろいろな企画を立て、新聞、雑誌、テレビ、ラジオ、インターネットでＰＲしました。お陰さまで、今や半年先まで、予約で一杯です。

聴きに来てくださるお客様も、矢掛町内のお方だけでなく、倉敷、岡山、総社、高梁から、西は笠岡、福山、尾道あたりからも聴きにきてくださいます。

毎日曜日、欠かさずコンサートなどの楽しい催しを開催している例は、日本中探しても例がなく、東京の業界でも話題になっているようです。

やかげ小唄の復活

矢掛で仕事を始めて一番に気づいたのは、矢掛の町並みは、黒い本瓦の屋根、白壁、格子窓の美しい家が多いということでした。

その家々の軒先に行灯をぶら下げて点灯すれば、どんなに美しいだろうと思わず想像してしまいました。秋の「大名行列」の他になにか矢掛らしい夏の催しはないものか、と思案していたので、すぐ夏の行灯祭りを思いつきました。最近はどこでも路上を照らす「置き行灯」が流行っていますが、軒先につるす古来の行灯はあまり見かけません。

そこで町内の切り絵の愛好家グループを探し当て、矢掛の風物や名所旧跡を切っていただくことにしました。行灯の2面は切り絵で飾るとして、後の2面はどうするか。矢掛らしい唄がほしい、と思いました。古い矢掛を知っている女将さんや古老を訪ね歩いて、探り当てたのが、かつて矢掛で歌われていた「やかげ小唄」でした。

「一目千本　桜のかすみ　矢掛嵐山　京よりみごと」に始まり、「深山うぐいす　のどかに鳴いて　浮世知らずの　花ふぶき」と続き、「ほんに矢掛はエートコナ」で終わる「矢掛小唄」は町職員だった妹尾翠渓さんが作詞したものを、かの「東京音頭」で有名な西城八十さんが補作し、「野崎小唄」で知られる大村能章さんが作曲したもので、街中でよく歌われていたそうです。運のいいことに古い楽譜を持っている人に出会い、提供していただきました。

早速、矢掛高校書道部の生徒さんにお願いして、筆を揮ってもらい、行灯の2面に掲げてもらいました。古い町並みの軒先に、ほんのり浮かぶ行灯のあかりは、得も言われぬ風情を醸し、そうなると、その前で踊りたくなるのは人情です。

町内の日本舞踊のお師匠さんが振り付けて町内外から有志を集めてくださり、中高生も加わって「矢掛小唄踊り」が復活しました。

お披露目当日は、矢掛出身のプロの民謡歌手が「やかげ小唄」を歌い、笛に太鼓、三味線のお囃子に合わせて、揃いの浴衣で編み笠姿の善男善女が踊りました。

古い宿場町に行灯の灯りのもと、「小唄」に合わせて踊る姿は一幅の絵になり、駆け付けた多くのカメラマンで大いに盛り上がりました。

もちろん、フォトコンテストも実施しました。他所のイベントと一味違ったのは、コンテストの審査員を、超有名写真家のアラーキーとミュージシャンの坂田明さんに頼んだことです。お忙しいお二人の事ですから、東京新宿のスタジオを借り、矢掛から持ち込んだ応募写真を並べて、半日かけて審査してもらいました。

カメラ雑誌も珍しがって、記事に取り上げてくれ、全国的に名を馳せました。お陰で矢掛も「全国区」に昇格させることができました。矢掛の夏の「行灯祭り」に「小唄おどり」は風物詩として完全に定着し、毎夏みなさんに楽しんでいただいています。

古民家を「アルベルゴ・ディフーゾ」に

「交流館」近くの古民家の一棟は今から約230年前の寛政3年、江戸時代の建物で、太い梁の残っている天井、漆喰の白壁、広い中庭、数々の蔵など立派なもので、しっかりと残っていました。

ところが４００年前から続く「宿場町」だった矢掛には、泊るところが一軒も残っていませんでした。観光地で泊るところがないのは致命的です。滞在時間も短く、下手をすると素通りされてしまうからです。

そこで思い切って、この立派な古民家を「宿屋」に変えてしまおうと運営する専門業者を募りました。運のいいことに広島でもミシュランの三ツ星をもらっているホテルを経営している「シャンテ」という会社が名乗りを上げました。プレゼンテーションを聴いてみますと、もう一軒の古民家と合わせて45名が泊まれる温泉も備えた日本一の大きな古民家ホテルにしたい、という提案でした。広島で経営しているホテルにも泊まりに行ってみましたが、なるほどサービスもしっかりしています。

もちろん運営は「シャンテ」に任せることになり、改装工事を急ぎました。７年前にINN & SUITE「矢掛屋」としてオープンしましたが、運よくインバウンド・ブームにも乗り、23か国からの観光客が訪れ、「いかにも日本らしい宿」として好評を博しました。

「シングルルームがほしい」「大学のクラブ合宿で、雑魚寝ができるような大きな部屋がほしい」「部屋は大きくなくていいから、手ごろな値段の部屋はないのか」といろいろなお客様からのご要望があり、近くの古民家を手に入れては、新しい宿をつぎつぎ開設していきました。今では合わせて１００人は、優に泊まれます。

将棋や囲碁のタイトル戦も誘致し、全国的に知名度をあげていきましたが、面白いことに、イタリアから「アルベルゴ・ディフーゾに認定したい」という話が転がり込んできました。

イタリア語の「アルベルゴ」とは「ホテル」、「ディフーゾ」とは「分散型」という意味だそうです。町の空き家をホテルの部屋にし、一か所でフロント業務をこなし、客はそこでキーを受け取り、利用するというシステムだという。

イタリアも日本同様、地方は高齢化、過疎化が進んでおり、近年、この「分散型ホテル」というのが脚光を浴びているとか。その生みの親である学者先生が「日本にもすでにアルベルゴ・ディフーゾが存在しているらしい」と耳にし、矢掛へ飛んできたという事だそうです。
とんとん拍子で話が進み、「矢掛屋」は東洋で初めての「アルベルゴ・ディフーゾ」として、「矢掛町」は世界で初めての「アルベルゴ・ディフーゾ・タウン」として認定され、「認定式」まで挙行されました。日経新聞などで全国に情報が伝わり、東北、信州をはじめ各地から視察、見学の団体が訪れ、応援に大わらわでした。

コロナ禍が去れば、再びインバウンド・ブームが再来し、大勢の外国人客が訪れるに違いありません。

江戸、明治、大正、昭和の建築一同に

有名な観光地には、必ずと言っていいほど、名物「朝市」があります。能登の輪島、岐阜の高山、高知の朝市、岡山の京橋朝市など、よく知られています。矢掛も観光の町の仲間入りするなら、「矢掛の朝市」を、と交流館の隣で、毎月第2日曜日に始めたところ、出店者もあっという間に50近くになり、毎回大勢のお客さまで賑わっています。

一昨年には財団法人「やかげＤＭＯ」（矢掛町観光交流推進機構）が発足し、活動を開始しました。事務所も商店街に残っていた、江戸時代の問屋場を活用し、「問屋」という暖簾を掲げて、ビジターセンターとして、観光客の案内を始めました。

江戸時代、「参勤交代」の都度、九州、中国地方の大名が数百名の

にぎわう「矢掛の朝市」

お供を連れて、山陽道を上り下りしていましたが、殿や姫が宿泊する「本陣」や家老など次のクラスが泊る「脇本陣」が江戸時代のまま今なお健全な形で残っている町は、わが国でも矢掛だけであり、もちろん国の重要文化財に指定されています。

ＮＨＫの大河ドラマで有名になった天璋院篤姫が、第13代将軍・徳川家定に嫁ぐとき、九州の薩摩から江戸へ向かう途中、「矢掛本陣」で一泊した記録が残っており、宿泊した部屋もそっくりそのまま残されています。おまけに篤姫さまは矢掛の「ゆべし」が大層お気に入りで、数十本買い求めて江戸へのお土産にされたということです。

江戸時代、明治、大正、昭和の建築がこれだけ多数同時に見られる街は今や全国でも珍しく、知る人ぞ知る隠れた観光名所になりつつあります。

長年の懸案であった街中の電線、電柱の地中化も実現し、町の様相も一変しました。

「問屋」の暖簾を掲げたビジターセンター

篤姫が好んだという「ゆべし」

町として宿願であった「重要伝統的建物群保存地区」にも昨秋、国から選定を受け、名実ともに、一級の観光地の仲間入りを果たしました。

水戸岡ワールド「道の駅」

また、国や県の協力・指導により待望の「道の駅」も遂に今春オープンしました。「道の駅・山陽道やかげ宿」は「道の駅」と言っても、これまでの郊外の国道沿いにある「道の駅」と違って、商店街に隣接し、物販、飲食もないユニークなもので、あくまで矢掛の玄関口、ゲートウェイで、車を停めたら、商店街を歩いてもらい、買い物や食事を楽しんでもらおうという発想なのです。言って見れば、「矢掛まるごと道の駅」というこれまでになかった考えなのです。

しかも「道の駅」駅舎のデザインは九州の特急列車「七つ星」などで世界的に有名な水戸岡鋭治さんの手になるもので、2階建てのおしゃれな外観は、宿場町矢掛をイメージして「黒」。内装は高級ホテルの感覚で「白」が基調になっている非常にユニークなものになっています。2階には広い展望デッキやボールプールを備えたカラフルなキッズルームなどあり、全館、床、壁、天井から椅子、テーブルに至るまで、すべてに細やかな神経の行き届いた、言って見れば、時代の最先端をいく「水戸岡ワールド」です。

高級ホテルと見間違うような新しい道の駅「山陽道やかげ宿」の1階休憩所

今春のオープン以来、連日、利用客は後を絶ちませんが、「なんだ、特産品も売ってないのか」とか「お茶の一杯も飲めないのか」とか、これまでの「道の駅」と比べて、あまりにも違うので、驚かれますが、トイレまでじっくりと観察されたお客様は「なるほど」と納得して、商店街へ向かわれます。「道の駅栄えて、商店街逝く」にならぬようにと必死にとりくんだ矢掛方式なのです。

8年前にはほとんど人通りのなかった商店街も、最近はウイークデイでも、いかにも町外からのお客様といった人たちがそぞろ歩き始め、様相が一変しました。

お蔭さまで、最近は商店街のお店を改装したり、新しくこれまでになかったお店を開店したり、活気が溢れてきました。

江戸時代の建物を改装して、おしゃれな和小物のお店を開いたり、町内で制作された木工芸のギャラリーができたり、すっかり生まれ変わりました。

この1、2年の間に、日曜日のお昼時には、お店の前に順番待ちのお客様の行列ができるようなお店が3軒も現れました。それがカフェであったり、イタリアンの食事処だったり、チョコレートのお店であったり、どのお店もインターネットで話題になっているのです。これだけ若い女性のグループが大挙して押しかけてきたことは、宿場町・矢掛の400年の歴史の中でも、初めてのことだろう、とみんな驚いています。

着物姿が似合う町

「矢掛には立派な美術館もあれば、文化センターもある。それらの活用策も提案してくれ」と町長からも切望され、それでは、と、これまでの経験と人脈をフルに活かして毎年いろいろと展開しました。

古い町並みの残る矢掛には、着物姿がよく似合います。なんとか街中を着物で溢れ返すことはできないか、と夢が膨らんできました。

歌舞伎の世界では「忠臣蔵」をかければ必ず当たる、という言い伝えがあります。百貨店で散々人集めに汗を流してきた経験から、「一竹辻が花」を持ってくれば、きっと矢掛は着物姿で埋まると思い、河口湖畔にある美術館を訪ね、館長に懇願したら、昔の誼で、快く協力してくれることになりました。

なにせ亡くなった一竹先生から「繁森一竹」と命名されるくらい入れ込んでいたのですから。

案の定、普段は静かな「やかげ郷土美術館」も、初日から着物姿がわんさと押しかけ、貸し切りバスは次々と現れるは、町の中を着物姿の行列が続くは、みんな目を丸くしたものです。

気をよくして、2年目は「歌舞伎の衣装展」を開催しました。地方で本物の歌舞伎の衣装が展観されることは例がなく、たまたま天満屋時代、毎年観劇会のお世話をした関係で、松竹さんと太いパイプがあり、東京の本社まで押しかけました。有名な演目の代表的な衣装をはじめ、玉三郎さんが着て踊った美しい衣装など、女性ファンをしびれさせました。

元女優で服飾評論家として活躍している市田ひろみさんも天満屋時代お世話になっており、彼女が世界の民族衣装の有名なコレクターであると知っていたので、京都へ通い、口説き落としました。意気に感じて、講演まで聞かせてくれ、女性ファンを感激させました。

かつて米子天満屋を開設するため、5年間住んだ米子の革の人形師・本池秀夫さんも「繁森さんなら」と協力してくれ、代表作を並べてくれました。めったに目に触れる機会がない貴重な作品群に触れられるとあって、男性のお客様も続々と詰めかけてくれました。

たまたまＮＨＫのラジオ深夜便で聴いた秋山章という京友禅の染織作家の話に感激し、京都のアトリエ、甲府の自宅へも押しかけ実現したのも忘れられません。

今住んでいる人たちが幸せかどうか

町の賑わいを取り戻すには、町外からの流入人口、観光客が増えればいい、というものではないと思っています。今住んでいる人たちが幸せかどうか、がなによりも大切ではないか、というのが基本的な考えです。

矢掛で働き始めて3年くらい経ったとき、毎日、交流館の前を自転車で通り過ぎる外国人の若者に気づきました。聞けば、町内の工場で働くベトナムからの実習生だと言います。

ところが、日曜日であろうが、日中、街中で彼らの姿を見ることがありません。

不思議に思って、実習生の働いている工場をいくつか訪ね、担当者に話を聴いて驚きました。

「繁森さん、それは無理ですよ。彼らは日本に働きに来て、必死でお金を貯めて、3年間の実習期間が過ぎたらそれを持って帰り、親に渡すと家が建つのです。小遣いも使わずに貯めれば300万円くらい貯金でき、ベトナムでは8倍くらいの値打ちがあるので、親孝行、家族孝行ができるのです。だからお休みの日は宿舎でじっとしており、余計なお金は一切使いません。」とのことです。

私自身、敗戦後の生活を体験しており、中学を卒業したとき、友達が「就職列車」に乗って大阪や東京へ向かい、毎月、親に仕送りをして苦労していたのを憶えています。

3年間、矢掛で過ごし、地元の人との接触もほとんどなく、日本語も身につかず、なんの楽しい思い出もなく帰っていくのは、同じ矢掛で働く者として耐えられない思いでした。

早速、町内の企業を回り、協賛金をいただいて、交流館で「ベトナムフェスティバル」を開催し、ベトナム実習生を招待しました。

岡山市の「環太平洋大学」にベトナムからの留学生が大勢いると聞いて、早速大学を訪ね、先生に相談すると、彼らはベトナム料理をつくる機会を探しているので、連れて行くからぜひ作らせてやってほしい、とのことでした。願ったり叶ったりで、当日は駐車場にテントを張り、材料を用意して、調理は留学生に任せました。招待した実習生たちも久しぶりで食べるベトナム料理に大喜びして、交流し、大好きなビンゴゲームに大はしゃぎしていました。景品はなにが喜ばれるか、思案しましたが、日頃、古古米しか食べていない彼らは「コシヒカリ」など喜ぶと耳にし、早速用意しました。

また、彼らは「カラオケ」が大好きと聞いて、ベトナムのカラオケを用意し、「谷山サロン」で歌ってもらいましたが、4時間も5時間もぶっ通しで歌い続け、びっくりしました。

町民の参加者とも交流が図れ、矢掛高校生とも仲良くなれました。「来年もぜひ」と言い合って別れ、素晴らしい一日になりました。その後、毎年、開催していますが、最近は近隣の町からもベトナム

ベトナムフェスティバル

留学生たちがベトナム料理を用意して

実習生が参加し、賑わいの輪が広がっています。

このフェスティバルを契機に、町内の退職教員の有志がボランティアで教える「日本語教室」も生まれ、実習生から喜ばれています。

先年、岡山で開かれたＡＭＤＡ主催の「国際シンポジウム」で矢掛の事例発表の機会をいただきましたが、終わってベトナムの駐日臨時全権大使から感謝の言葉をいただき、感激しました。

矢掛に赴任してから、暫くは友人、知人もなく、孤軍奮闘を余儀なくされましたが、陰では「町長はなんで他所から連れてきたんなら。あの程度の男なら、矢掛になんぼでもおるがな」と言っていたと、最近になって、ご本人の口から聞きました。

とけ込んでみると、矢掛の人はみんないい人で、毎日顔を合わす商店街の人たちも、気軽に声をかけてくれ、すれ違う見ず知らずの人からも「矢掛のために、頑張ってくださいね」と励まされるようになりました。

矢掛の町がただ観光客で賑わうだけでなく、真に豊かな町に生まれ変わっていくことを心から願っています。

岡山城と宇喜多直家、秀家父子を雑学的に考証すると⁉

赤井克己

岡山城天守閣（岡山市北区丸の内）は「令和の大改修」をキャッチフレーズに、内部をリニュアル中だ。地下1階から地上6階まですべて刷新、特に4階は岡山城を築いた宇喜多直家、秀家父子に焦点を絞ったパネル展示で、その人物像を紹介するという（山陽新聞）。

直家は戦国時代の〝梟雄三羽烏〟の１人。明禅寺合戦（１５６７）の鮮やかな大勝利よりも、謀略、毒殺、裏切りなどの暗いイメージで語られることが多い。息子秀家は父とは対照的な坊ちゃん大名。時の権力者豊臣秀吉に母子ともに寵愛されたことは知られる。来年（２０２２）11月、この２人がどのように再登場するのか楽しみだ。岡山城は現在立ち入り禁止。十分な取材はできなかったが、烏城公園一帯を徘徊しながら城と宇喜多秀家父子を、はすかいから雑学的にさぐった。

◆岡山県立博物館の宇喜多能家座像

岡山県立博物館所蔵の「宇喜多能家寿画像賛」は県指定文化財の逸品。直家の祖父能家（?～１５３４）が存命中の大永４（１５２４）年、京都南禅寺の高僧・九峰宗成（きゅうほうそうせい）に描かせた。絹本著色（けんぽんちゃくしょく）（縦94センチ、横45センチ）、侍烏帽子に大紋の正装で高麗縁（こうらいべり）の上げ畳に坐り、眼光は鋭くいかにも戦国武将らしい面構えだ。

郷土史、パンフなどにこの坐像はたびたび紹介される。実は能家画像の上半分には長文の「賛」が書き込まれているが、永年の歳月で色あせ、今は全く判読不能という。江戸時代の歴史書『備前軍記』や地誌『和気絹』に全文が収録されており、能家を知る貴重な資料になっている。

戦国武将の風格が漂う宇喜多能家座像（右。左は赤外線画像）
上部の賛は解読不能だが、貴重な一級資料だ（岡山県立博物館提供）

能家の祖父宗家、父久家は西大寺観音院（岡山市東区西大寺）の古文書、いわゆる「西大寺文書」でその存在は確認できるが、生没年を含め詳細は全く分からず、宇喜多家の歴史はこの能家から始まるといえる。

「画像賛」は、能家の活躍ぶりを生き生きと伝えるが、詳述はテーマから外れるので割愛。華々しい青壮年期に比べて不運だった最期を述べて、本稿の主役である孫の直家（1529〜1581）につなぐ。

晩年の能家は足が不自由になり剃髪して引退、自ら築城した砥石城（瀬戸内市邑久町豊原）で老後を過ごしていた。天文3（1534）年、山続きで近くの高取山城（同町東谷）城主、浦上家旧臣の島村貫阿弥（?〜1559）が突然「主君の仇」と夜半に襲撃、自刃に追い込まれた。さぞかし無念だったことだろう。

同城には能家の息子興家（?〜1536）孫直家も居住しており、興家は直家を連れて命からがら備後鞆に逃亡。のち備前福岡に戻り豪商阿部善定（ぜんてい）宅に2年間かくまわれ、同家で没した。

興家は戦国武将としての評価は低いが、備前の名刹として著名な日蓮宗妙興寺（同市長船町福岡）に葬られており、戦国時代の名軍師黒田官兵衛の曽祖父高政、祖父重隆の墓碑と向かい合っている。

◆戦いに明け暮れた直家の生涯

直家は享禄2（1529）年、備前国邑久郡の砥石城に生まれた。5歳のとき前述のように浦上氏旧臣に襲われ、父と鞆に逃げた。父の死後は同郡笠加村（同市邑久町）の伯母の尼寺にかくまわれて少年期を過ごした。

年端（としは）もゆかない子供時代に体験した祖父能家の衝撃的な死は、後年、戦国武将として戦場を駆けまわった直家の性格、思想、行動などに多大の影響を与えたと思われる。

天文12（1543）年14歳のとき、備前の新興勢力として台頭してきた天神山城（和気郡和気町田土）城主浦上宗景（生没年不詳）に仕え、以後、ほとんどの戦いで謀略、裏切りを繰り返して備前一帯を制覇。天正9（1581）年2月、石山城（岡山市北区丸の内）で病没した。53歳。

その人生は、次の4期に大別できる。

・浦上宗景の家臣として祖父能家の仇討ちまで

浦上宗景が長年君臨した天神山城址。最後は直家に攻略され、宗景は行方不明に

宗景に忠実、勇猛な若武者として備前、播磨南部での戦功が認められ、14歳ながら乙子城(岡山市東区乙子)を預かる。さらに祖父能家の居城だった砥石城を奪い返し敵討ちも果たした。永禄2(1559)年義父を謀殺し沼城(別名亀山城　岡山市東区沼)も入手、ここを本拠地とする。

・三村家親暗殺から明禅寺合戦大勝へ

備中松山城主三村家親(?～1566)が美作に侵入、興善寺(久米郡久米南町)に滞在中の永禄9(1566)年、部下に鉄砲で暗殺させた。翌年春、父の敵討ちに備前南部に侵入した息子元親(?～1575)の大軍と明禅寺城(岡山市中区沢田)の北一帯で激突、大勝した(詳細は後述)。

・備前の雄松田、浦上氏を滅亡

同11(1568)年には備前西部に君臨した名門松田氏を滅亡し、さらに2年後、配下の石山城主金光宗高(?～1570)に謀反の疑いなど難癖をつけて切腹に追い込み、同城を無血で入手、のち沼城から移転した。天正3(1575)年には、主君の浦上宗景を播磨へ追放(天正5年説もある)。備前をほぼ勢力下に収め、備中、美作にも触手を伸ばした。直家の生涯で最も広大な地域を傘下に収めた時期である

直家が備前制覇の本拠地とした沼城址

・毛利、尼子氏と同盟、離反の繰り返し

強豪の西の毛利、北の尼子と同盟、破約を繰り返した末、中國制覇をもくろむ織田信長と対決。降伏し息子秀家の将来を羽柴秀吉に託して石山城で病没した。

直家は天正元（1573）年、本拠地を沼城から石山城に移した時、城内にあった金光山岡山寺を父興家の位牌とともに旭川東岸の古京に移し、その戒名「興福院露月光珍大居士」にちなんで光珍寺と名付けるなど信心深い面もあった。のち同寺は現在地（岡山市北区磨屋町）に移転した。

光珍寺には直家自身の貴重な木像があったが、岡山空襲で焼失した。近年は直家命日の2月14日がバレンタインデーであることから、同日前後、全国から直家ファンがチョコレート持参で集まり供養が行われることで有名。

◆梟雄と呼ばれた男

直家53年の生涯は戦いの連続だった。裏切り、毒殺、闇討ちなどの手段を度々駆使し、〝梟雄〟と酷評され、戦国時代の梟雄三羽烏の1人とされる。

梟雄とは何か？　一般的には、謀略を得意とし勝つためには手段を選ばない武将を意味するようだ。

貴重な宇喜多直家の木像写真。岡山空襲で木像は焼失した（光珍寺提供）

だが臨機応変の策略は戦国時代の常とう手段。現代風に言うと直家は「空気を読む」ことには、天才的な才能を持っていたと擁護する見解もある。

昨年のNHK大河ドラマ「麒麟がくる」には、戦国時代の梟雄三羽烏3人のち2人が登場した。斎藤道三（本木雅弘）と松永久秀（吉田鋼太郎）である。2人とも小説などから連想される人物像よりおだやかで、癖はあるが筋も通す人物と好意的に描かれていたように思う。

もう1人の梟雄が備前生まれの直家である。活躍した時期は2人とほぼ同じだが、舞台が違うため当然ドラマには出なかった。

昭和期の有名な歴史小説家・海音寺潮五郎は大著『悪人列伝』（文藝春秋新社）第3巻で直家を酷評している。そのまま引用しよう。

「直家は最も陰湿で、最も険悪な悪人である。しかし大悪人とはいえない。松永弾正（久秀）や斎藤道三は徹底した悪人であり、愛すべきところは持ってないが、その性根のすわりには一種痛烈な味がある。しかし、直家にはそれがまるでない。両大勢力（毛利・織田）のあいだにあって、きょときょとおちつかないところなど、小悪党としか評価できないのである」。

18世紀初頭の備前国地誌『和気絹』には「人道の悪逆この上有るべからず」と記されている。

私見だが「直家は梟雄」のイメージを定着させたのは、沼城主で義父中山信正（?～1559）を謀殺して同城を乗っ取った時だ。

『備前軍記』によると、直家は主君浦上宗景の媒酌で沼城主中山信正の娘と23歳で結婚。近くの奈良部城（同市東区竹原）に居住するとともに、沼城近くに茶亭を造った。

直家は狩りの帰りにいつも茶亭に立ち寄り、義父を招いて酒宴を開いた。翌年冬のある日、城内に宿泊することになった。夜半、部下とともに義父に襲いかかり、難なく沼城を手に入れたとされる。

異変に驚き近くの砥石城から駆け付けた島村観阿弥は祖父能家を闇討ちした憎き仇。貫阿弥も討ち取り砥石城も奪い返した。すべて計画通りと見る説が多い。

宗景が命令したとの見方もあるが、いずれにしても、義父を殺し、祖父の仇も同時に討ち取って、二つの城を一気に奪取する謀略の凄さ。信正の娘である妻は自殺した。

直家が沼城に固執したのは、鳥取庄（赤磐市）に着目していたためといわれる。同庄は備前屈指のの大荘園、沼城は近くを流れる砂川で結ばれ、当時は浦上氏が実質支配していた。

直家は沼城を拠点に、以後10数年間近隣の城主と戦い続けた。毛利と組んで美作に勢力拡大を図る備中松山城主三村家親も暗殺、戦いは明禅寺合戦へと続く。

◆直家が大勝した明禅寺合戦

直家は永禄10（1567）年、明禅寺合戦では正々堂々と戦い大勝利した。4倍もの敵を完膚なきまでに破ったこの戦いを機に、備中の雄三村家は没落、直家は備前の盟主としての地位を築いた。

明禅寺城は岡山市中区沢田、明禅寺山の廃寺跡に直家が築いた。現在は操山公園里山センターからハイキングを兼ねて訪れる家族連れもあり、同センターへは反対側の護国神社からも登れる。

城跡からは眼下の岡山市中区沢田、高屋、兼本地区の展望は抜群、当時は敵の動きは手に取るように分かったと思える。

備中をほぼ制圧した松山城主三村元親は、父家親を暗殺した直家に報復するため、美作・興善寺に滞在中、備前侵入の機会をうかがっていた。家親は前述のように前年、美作・興善寺に滞在中、直家の刺客に鉄砲で暗殺された。

この時期は、織田信長が桶狭間の戦いで今川義元を倒し（1560年）、松永久秀が足利将軍義輝を殺害（1565年）、中国地方では山陰の雄尼子義久が安芸毛利輝元に降伏する（1578年）など、各地が騒然としていた。

直家が備中三村勢に大勝利した明禅寺山城址の遠望

空気を読む能力にたけた直家は元親の備前侵略を察知し、当時の本拠地備前沼城の前線基地として、明禅寺山上の廃寺跡に山城を築き待ち構えた。『備前軍記』によると、初戦は三村勢の先遣隊が風雨の激しい夜、明禅寺城に夜襲をかけて奪った。すると直家は城を占拠した敵方に矢文などで偽情報を流して動揺させ、石山城などの近隣城主には、味方になるよう賄賂作戦をとったという。

三村勢は元親を総大将に3部隊編成2万人が出陣。直家側は5千人を機動性が発揮できるよう5部隊に分けて迎え撃った。

まず直家側は明禅寺城奪還の攻撃を始めた。少数で守っていた城はたちまち奪い返され、逃げる城兵は押し寄せる三村勢の先頭に突き当たり、双方が混乱した。

そこへ直家側が攻めかかった。鉄砲を撃ち込み、敵先陣の大将庄元祐（詳細不明）をはじめ多数が戦死、総崩れとなったとされる。庄元祐は三村元親の兄、備中猿掛城（矢掛町と倉敷市真備町の境

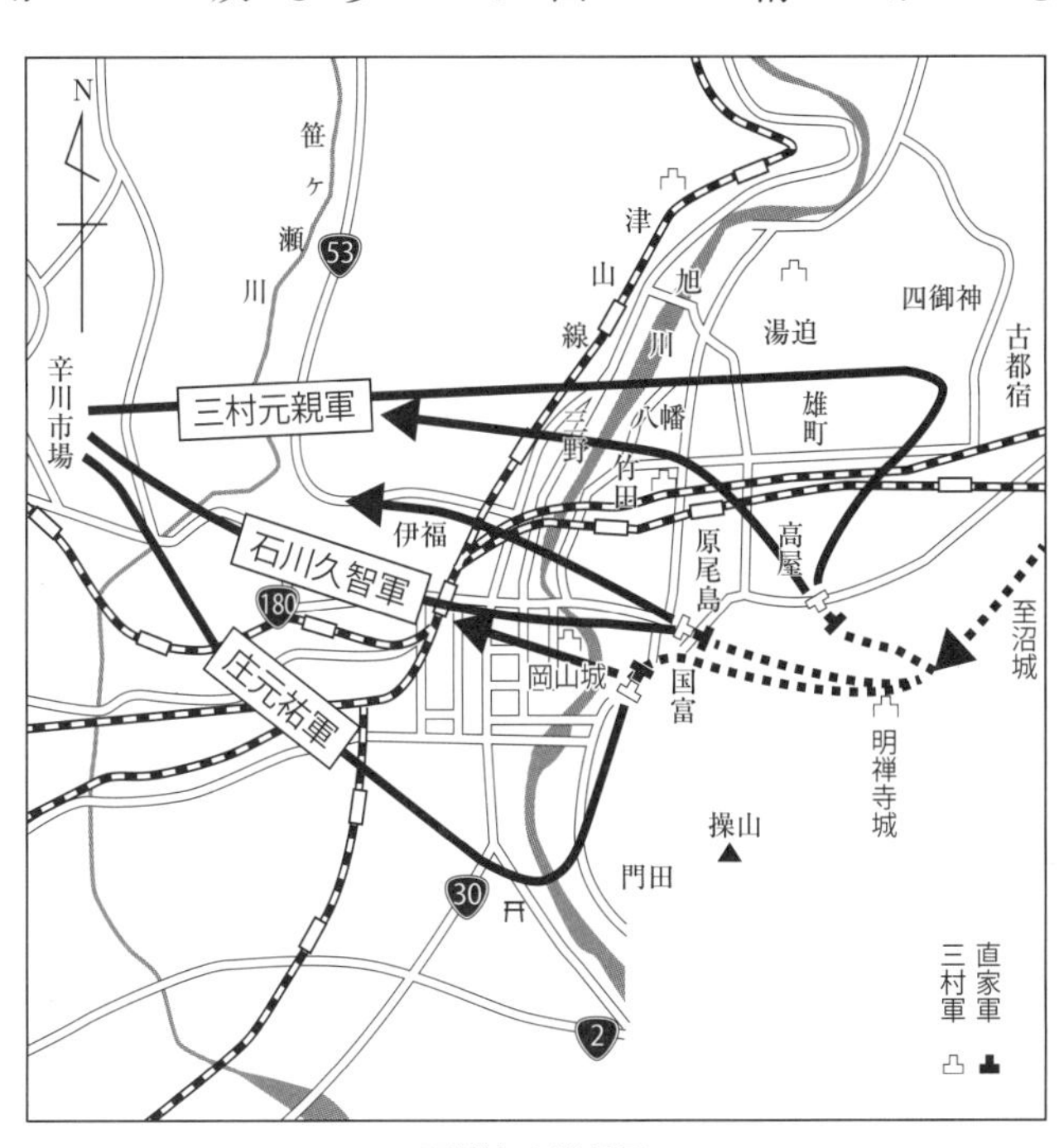

明禅寺合戦地図

界）城主三村元祐として参戦、生き残ったとする説もある。

先頭部隊の敗北で後続の2陣、本隊も浮足立ち、直家側に追い立てられ多数の戦死傷者を残して、旭川西に退き備中松山に逃げ帰った。直家の完勝である。

『備前軍記』は丸1日の両軍の戦いを詳述する。現在の地図でたどると、戦場は現岡山市中区国富、原尾島あたりから高屋、雄町、四御神にかけて広範囲だ。

直家は3グループ2万人の敵兵に対し、味方を5グループ5千人に分けた。直家の指揮ぶりは見事で、それぞれの責任者が状況の変化に応じ臨機応変に戦ったという。奇才直家の一面をフルに発揮した戦闘だった。

直家はこの後の天正元（1573）年、無血で奪った石山城を拡張、門、やぐら、石垣などを再構築。沼城から移転し石山城を本拠地としたが、同9（1581）年53歳で病没、喪は1年伏せられた。

◆岡山城主宇喜多秀家画像の謎

直家の子秀家（1573～1655）というと、歴史ファンならずとも眉目秀麗な好男子を連想するかもしれない。その脳裏にはきっと岡山城所有の「宇喜多秀家肖像画」のイメージが浮かんでいることだろう。

当該の肖像画は、漫画で見かけるようなイケメン、水も滴る若武者だ。家紋入りの正装に烏帽子姿、秘蔵の愛刀を背後に立てかけ、にこやかにほほ笑む姿は実に魅力的だ。

空襲で焼失した岡山城天守閣が昭和41（1966）年に鉄筋コンクリートで再建された時に購入したとか、地元画家の寄贈とも伝わる。

岡山市教育委員会文化財課に真偽を尋ねたが、画家名は分からないという。同市観光振興課に「昭和42年1月19日購入」の記録はあるが、画家名は記入がないそうだ。

この画像は岡山城紹介のパンフなどにしばしば登場する。作者不明の画像を秀家として紹介することに疑問が残る。リニュアル後のためにも徹底的に調査してほしいところだ。

◆豊臣秀吉に寵愛された秀家

秀家は天正元（1573）年沼城で生まれた。母は絶世の美女といわれたお福の方。美作高田城（美作市勝山町）城主三浦貞勝（1544〜1565）に嫁いだが、貞勝は永禄8（1565）年三村家親に攻められ戦死。お福は備前に逃げ、当時沼城主の直家に見初められ再婚した。

秀家は父直家の死去に伴い、石山城と遺領を継ぎ秀吉に仕えた。備中高松城水攻め後、若年ながら57万4000石の大々名になった。

秀家はその後も、賤ケ岳、小牧・長久手などの秀吉の戦いに参戦したが、当時まだ10歳前後。叔父の忠家らが統治、指揮を執ったことは言うまでもない。

同13（1585）年3月、12歳のとき秀吉の猶子（準養子）になり元服、秀吉の1字を授かり「秀家」と名乗る（それまでの名は八郎）。また同17（1589）年、秀吉の養女になっていた、金沢藩主前田利家の娘豪姫と結婚、秀吉の寵愛ぶりを世間に深く印象づけた。

朝鮮半島出兵の文禄の役（1592）から帰国後、秀吉から「豊臣」の姓を名乗ることを許され、この間官位も異例の昇進をした。慶長3（1598）年26歳の時には、家康、利家らの長老とともに豊臣政権五大老の1人に列したが、この年8月秀吉死去。

2年後の関ヶ原の戦いでは、石田三成の西軍に副大将格で参加し敗戦、薩摩島津家に逃れかくまわれた。

イケメンの宇喜多秀家像。昭和41年岡山城再建時に購入したが作者不明という（岡山城提供）

岡山城は見る場所によって異なった魅力を見せる。「司馬遼太郎は「徳川期を通じてこの城の印象は巨大であったが、実体は明智保身そのもの。すすんで火中にとびこむような姿を日本史に印したことは一度もない」と評した。

同8（1603）年自ら名乗り出て、島津、前田家の嘆願で死刑をまぬかれたが、駿河・久能山に幽閉され、同11（1606）年4月、八丈島最初の流人として配流された。50年間同島で余生を過ごし、明暦元（1655）年11月死去、83歳。関ヶ原の戦いに参戦した大名では最も長生きした。

秀家は秀吉の強い勧めもあり石山城東隣の「岡山」に旭川の流れを引き込み、堅固な岡山城を新築。岡山城主として天正18（1590）年から慶長5（1600）年まで10年間統治、城下町の整備など手掛けた。倉敷市に宇喜多堤（どて）として今も残る築堤は秀家の遺産だ。

都窪郡早島町から倉敷市向山東麓までと、同市酒津から向山西麓まで土手を築き、早島町から倉敷市東部にかけての児島湾北部の干拓に成功。児島湾大規模開拓の先覚者という実績も残した。

秀家は家臣の統治能力は低かった。慶長4（1599）年秀家側近の処分を要求して老臣が反乱、屋敷に立てこもるという騒動が起こった。家康の調停でやっと解決したが、優れた家臣が家康に引き抜かれ、関ヶ原の戦いで活躍するという皮肉な結果をもたらした。

秀家は秀吉の異常な寵愛で大出世したが、所詮、世間知らずの坊ちゃん大名、激動の戦国時代は荷が重すぎたのか。

◆宇喜多父子が残した岡山城の石垣

宇喜多父子が残した岡山城址（国指定史跡）は現在、烏城公園として県民に親しまれている。

室町時代末期、この辺りは旭川の河口に近く、天神山、石山、岡山という3つの小丘陵があった。

直家は配下の金光宗高が石山と呼ばれる小丘陵に築いた城に着目、言いがかりをつけて切腹させ、天正元

（1573）年無血で入手したことはすでに述べた。

石山城は移転前のNHK岡山放送局や現岡山市民会館、旧RSK本社のあたりにあった。直家は石山城を手に入れると、城のかなり北部を東西に通っていた西国街道を城近くに付け替え、また備前福岡の商人を移転させ新しい町づくりを進めた。

父の後を継いだ秀家は、慶長2（1597）年、石山の東「岡山」の丘陵に本丸を移し、不定5角形の敷地に3層6階建て、破風を三つも持つ豪壮で優美な岡山城を新築した。現岡山の名称はここに築いた岡山城に由来する。

同城は昭和20（1945）年6月、月見櫓（国指定文化財）などを残し空襲で焼け落ちたが、同41（1966）年、天守閣、不明門（あかずのもん）、廊下門などが鉄筋コンクリートで再建された。

天守閣はリニューアルのため閉館中だが、烏城公園内の岡山城石垣などは自由に見学できた。梅雨の合間に直家の石山城、秀家の岡山城石垣をカメラ片手に訪ねた。

天守閣の石垣は外周

秀家時代の石垣

秀家時代の野面（のづら）積み石垣は、東南部から北側に残っている

約500メートル。このうち北から東にかけての110メートルは秀家当時の石垣といわれる。自然石を生かした野面積みの石垣が目前にぐっと迫る力強さに、戦国時代の荒々しさが嗅（か）ぎ取れる。

苔むした石垣は420年の風雪に耐え、もの言わぬまま目前にあり、「コロナに負けずがんばれ」と呼びかけているようにも思えた。

コロナ緊急事態宣言中で観光客は少なかったが、熱心にカメラに収める若いカップルも見かけた。

岡山市教委が平成5（1993）年、本丸・中の段の発掘調査で地中から発見した秀家時代の石垣2カ所を、出土した状態で一部公開しているのは興味深い。

江戸時代初めの池田時代、本丸に隣接する中の段が拡張され、城主の公邸や藩の政庁でもある表書院が建てられた。岡山空襲で全焼後は更地状態だったが、発掘調査で地下数メートルにある秀家時代の石垣を発見した。北側は台所下あたり、南側は通路沿いの建物の石垣と推定されている。ここには当時の地層サンプルも並んで展示されており、宇喜多家紋の桐文様金箔瓦が出土したのもここである。

野面積み石垣沿いを散歩がてらにぶらついた。本丸本段に入って真っ先に目につく南東の石垣は、秀家時代

平成5年の発掘調査で見つかった中の段表書院下の石垣

直家の石山城時代の石垣も現存する（旧丸の内中南側）

のもので高さ約15メートルと巨大。関ヶ原の戦い以前に建築された城では最高の高さという。思わずカメラを向けた。現県立図書館の敷地の片隅にも秀家時代の石垣がある。蔦が生い茂っているが外下馬門の石垣。大手門から本丸に向かう通用門で下級武士はここで馬を降りた。

直家の石山時代の石垣も、旧内山下小学校跡、旧NHK跡などあちこちにある。天守閣は閉館中だが石垣めぐりには歴史再発見の面白さがある。

◆岡山城不明門石垣の巨大な落書き?

宇喜多直家、秀家時代の石垣を探して岡山城周辺を歩き回っているうちに、不明門脇の巨大な石に刻まれた文字が気になった。巨石には「岡山中学の址」の6文字が浮き彫りにされ、脇にはいきさつを記した文章が刻まれている。

文字はかなり摩滅し読みにくいが「明治二十九年十一月二十一日中山下よりここに来り昭和二十八年八月一日国富に去るその間尋常中学岡山一中一高朝日高の生徒一万余ここに学ぶ　昭和二十八年八月一日　同窓会」(原文のまま)と読める。

不明門は岡山空襲で天守閣とともに全焼したが、門を支えていた石垣は焼け残った。同41(1966)年に再建され、現在観光客を迎える入り口のような感じだ。「なぜここの石垣に文字が刻まれているのか」の疑問がわく。

岡山中学とは、岡山一中の前身。明治7(1874)年岡山城西の丸跡に新設された温知学校内の私立遺芳館が始まり。岡山尋常中学校と改称後の明治29(1896)年岡山城内に新校舎を建て移転した。第一岡山中学校、岡山朝日高校と校名は変わったが、多数の高名な学者、政治家、財界人を輩出したことで知られる(『岡山県大百科事典』)

石垣の文面から昭和28(1953)年8月1日に、岡山朝日高校は空襲で焼失した旧制六高跡(岡山市北区国富)に全面移転するに際して、同校同窓会が哀惜の念をこめて彫らせたことが分かる。

さらに調べると、同窓会誌に「会長が理事会の承認を得て著名な同窓の理事長に題字の揮毫を依頼した」と誇らしげに報告している。「史跡内の文化財に彫り込んでもよいのか?」と市文化財保護課にメールで尋ねたところ、すぐさま以下のような回答があった。

「烏城公園一帯が岡山城跡として史跡指定されたのは昭和62（1987）年、天守や不明門が再建されたのは同41（1966）年。戦前は天守と月見櫓は国宝だったが、石垣は対象外。現在では石垣に文字を彫り込むことは、目的が何であれ絶対に許されないが、戦後は下の段にテニスコート、中の段に動物園や食堂があったこともある。岡山城の戦後の歴史の一部とご理解ください」。

回答は丁重だが、筋の通らない弁解のように思えた。テニスコートや動物園は取り払われた。落書きは戦後、法整備が整っていないときに彫り込まれたから仕方ないというのか。「巨大な落書き風の石碑」が史跡内に屹立することは、周辺と調和を欠く。このままでよいのかとの疑念は今でも強い。

【参考文献】
▽柴田一編著『新釈備前軍記』（山陽新聞社刊）▽富阪晃著『岡山の城』（同）▽山陽新聞出版局編『サンブックス岡山城』（同）▽岡山城史編纂委員会編『岡山城史』（同）『岡山県大百科事典』（同）『岡山歴史人物事典』（同）▽渡邊大門著『宇喜多直家秀家』（ミネルヴァ書房）▽司馬遼太郎著『歴史を紀行する』（文藝春秋社）

再建された不明門石垣に刻まれた「岡山中学の址」（矢印）

鹿児島で2年余過ごした宇喜多秀家

赤井克己

関ヶ原の戦い後、鹿児島・大隅半島に逃れた秀家の隠れ家を訪ねたことがある。九州新幹線全線開通の1年前、平成22（2010）年秋と記憶している。その場所は大隅国肝属郡牛根郷、現在の地名で鹿児島県垂水(たるみず)市牛麓、かくまったのは同地の豪族平野家、秀家はここに2年2カ月もひっそりと過ごした。

◆秀家突然の来訪に困惑した島津家

薩摩島津家の記録によると、関ヶ原敗軍の将宇喜多秀家（1573〜1655）は、慶長6（1601）年6月、薩摩半島南端の山川港（指宿市）にひょっこり姿を現した。

大坂・天満橋で瀬戸内航路の便船に乗ったらしいが、どのルートか、下関でどのように乗り換えたのかなど全く分からないという。

関ヶ原大敗からすでに10ヵ月経過。西軍首脳の石田三成をはじめ、小西行長、安国寺恵瓊(えけい)らは京都・六条河原で斬首された。西軍に属した大名の領地は没収されたが、残党狩りはまだ続いていた。

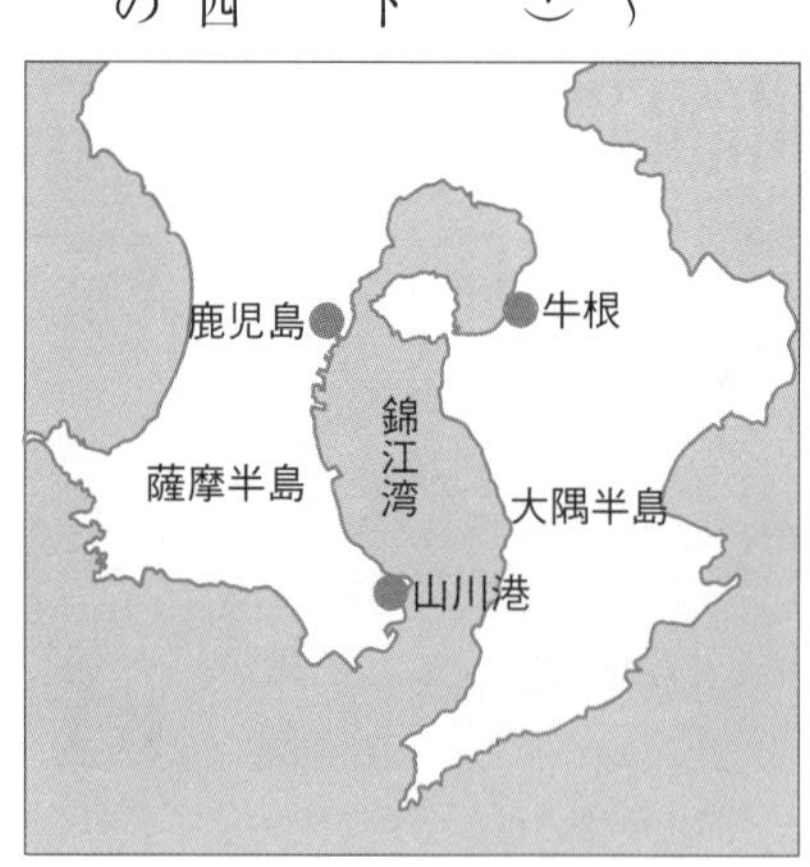

西軍副大将格の秀家は、盟友として共に戦った島津義弘（島津家当主の弟）を頼ってきたというから、同家は驚愕すると同時に、とんでもない来訪者にさぞかし困惑したに違いない。

というのは、島津家は当時、東軍首領の徳川家康と関ヶ原終戦交渉の最中だったからだ。

島津家は西軍に参加したとはいえ、同家の内部事情もあって義弘が率いた軍勢はわずか１５００人（諸説あり）。西軍４万人の中では存在感が薄く、作戦会議などでは無視され、義弘は当初から乗り気ではなかったとされる。

開戦当日も午前中は兵を動かさず傍観していた。だが昼過ぎ、西軍小早川秀秋の裏切りで情勢は急変。島津勢は敵軍の中に取り残された格好になり、前進も後退もできない状態になった。

この時、義弘が決断したのが有名な〝敵中突破の退却〟。前方の敵と戦って活路を見出して逃げる作戦だ。島津勢は多数の死傷者を出したが、義弘を守って敵中を一直線に突破、伊勢から海路薩摩に帰国した。生存者は百人足らずだったといわれる。

終戦交渉では、島津家は自領（薩摩、大隅、日向）の現状維持を強硬に主張、容れられなければ戦いも辞さない態度だった。そこへ降ってわいたような秀家の出現。同家としては迷惑な来訪者であることは容易に想像できる。

島津家は本拠地の鹿児島鶴丸城への来訪を拒否。錦江湾対岸の大隅半島牛根郷に船を回漕させ、同地の豪族平野家にかくまうよう命じた。

噴煙を上げ続ける桜島南岳。秀家はどんな思いで眺めていたのか

平野家は４００年前の源平壇ノ浦の戦いで滅んだ平氏方の武将の子孫。敗戦後同地に定住、一帯の山林70町歩を所有する豪族だった。

平野家当主は要請を快諾。山腹の上屋敷（平野本家）を秀家に明け渡し、自らは錦江湾沿いの下屋敷に移った。上屋敷の隣には付き人、家来らの家も新築、さらに一段下には警護のために郷士６人の家屋も配置する行き届いた対応を取ったとされる。

◆秀家は大隅半島の山中に隠棲

大隅半島垂水市の平野家下屋敷は意外に近かった。鹿児島港からフェリーで対岸の垂水港へ。桜島と錦江湾に見とれているうちに35分で着いた。

さらにタクシーで30分、「宇喜多秀家公偕居地平野家下屋敷跡」（垂水市史跡）の標柱が立つ平野家に着いた。

当主平野利孝さん（当時78）は同家36代目、高校教師、校長を経て市教育長も務めた地元の名士。早速、上屋敷跡に案内してもらった。

整備された山道を平野さんと一緒に数百メートル登ると、「秀家屋敷跡」を示す標柱があった。「この辺り一帯に秀家住居のほか、部下や護衛の郷士の家があった」と教えられた。雑木が緑濃く生い茂る山中、秀家の日常に思いを巡らせた。

近くに苔むした小さな祠（ほこら）があった。平野家が秀家供養のために造ったそうだが、今でも毎年旧暦11月初めの申（さる）の日には、すりつぶしたうるち米、赤飯などを供え、秀家を偲ぶという。

秀家が居住した平野家上屋敷跡に立つ平野利孝さん

平野さんによると、「秀家は毎朝4キロ先にある安徳天皇を祀る居世（こせ）神社に参るほかは、平野家の蔵書を読んで静かに暮らす日々だった」そうだが、次第に秀家のうわさが広まった。

島津家は幕府との和解も成立、薩摩藩初代藩主に義弘の子・家久が就任していた。家久は慶長８（１６０３）年1月、秀家をかくまっていることを幕府に打ち明け、同時に加賀藩とともに秀家助命の嘆願をした。

徳川幕府としては翌2月には家康の征夷大将軍就任が確定しており、大坂城の豊臣秀頼は健在だが、天下の体制は徳川で固まりつつあると読んだのか、薩摩、加賀藩の嘆願を受け入れた。

秀家を駿河久能山に2年余幽閉の後、八丈島へ流刑で決着をつけたことは知られる。

平野家からは錦江湾を挟んで桜島南岳の噴煙が望めた。秀家はこの南岳の煙を眺めながら、加賀に帰った豪姫のことを毎日思っていたに違いない。理由もなくなぜかそんなことを確信した。

【参考文献】
▽赤井克己著『おかやま雑学ノート』第8集

宇喜多秀家を2年余かくまった平野家
（鹿児島県垂水市牛根麓）

宇喜多秀家は八丈島で誇り高く生きた

赤井克己

15年前の平成19（2007）年秋、「八丈島に流された宇喜多秀家の足跡をたどる旅」に参加、拙著『おかやま雑学ノート』（第5集）に短い雑文を書いた。秀家が築いた岡山城リニューアルを機に、「天道に叛かなかった」と八丈島で誇り高く過ごした秀家の生きざまをたどる。記憶はかなり薄れているが、手元に詳細な取材メモがあった。

◆関ヶ原から転々と逃亡

秀家は慶長5（1600）年9月関ヶ原の戦いに敗れて逃亡。伊吹山中から大坂・備前屋敷に立ち寄った後、詳細なルートは不明だが、海路薩摩半島南端の山川港（指宿市）に現れた。

関ヶ原の戦いの盟友である薩摩藩島津義久を頼ったものだが、島津家は困惑した。鹿児島城下には入れず、城下から遠い対岸の大隅半島牛根郷（垂水市）の豪族平野家にかくまわせた。だが次第に風評が広がったため、同8（1603）年6月、秀家は徳川幕府に名乗り出て、駿河・久能山に2年余幽閉された。

同11（1606）年4月、八丈島初の流人として幕府御用船で伊豆網代から出港したが、すぐに下田で風待ち。さらに大島、新島などに寄港後、八丈島まで4カ月もかかってやっとたどり着いた。

八丈島の北側を流れる黒潮は現在でも観光客泣かせ。東京・竹島桟橋を夜半出港し翌朝八丈島に着く大型客船のほとんどの乗客は、この黒潮に船酔いするという。４００年以上前、木造の囚人船で黒潮をよぎった秀家一行は、長い船旅と船酔いで心身ともに憔悴しきって島にたどり着いたに違いない。現在は岡山空港午前7時30分出発、羽田乗り継ぎで同11時半には八丈島空港に降り立っていた。羽田からは３００キロの距離でわずか45分。着陸前、機窓から眺める島の美しさに息をのんだ記憶もある。

◆当初は困窮を極めた生活

八丈島は約62平方キロ、小豆島の半分の大きさ、ここに現在9千人余が住む。江戸時代初めの人口は不明だが、おそらく半分以下だろう。

秀家が流された時期も悪かった。今は風光明媚で知られる八丈富士は、配流1年前の慶長10（１６０５）年10月に噴火、大量の火山灰が島に降り、溶岩流の一部は海岸まで到達した。主食のサツマイモや麦、豆などの作物は被害を受け、餓死者も出る困窮ぶりだった。

秀家には息子2人のほか従者ら計10数人が同行、加賀藩派遣の医者も同伴したとはいえ、流人の悲哀をしみじみ感じたに違いない。豊臣政権5大老の一人、50数万石の大々名として羽振りの良かった身には、言葉も出ないようなショックだったことだろう。

秀家の困窮ぶりを伝える逸話として「代官に招待された際、食膳の握り飯を一つだけ食べ、残り二つを懐に入れ子供に持ち帰った」「名主にコメ1升、鰹節3本の借用を頼んだ」などが伝わる。

真偽は確かめようもないが、当初の数年間、秀家の貧困は容易に想像できる。

生き別れになった妻・豪の実家加賀藩が窮状を知り、幕府に願い出て同14（１６０９）年から1年おきにコメ70俵、金子35両のほか衣類、薬、日用品などを送り始めたことから、困窮の生活は脱却できた。

食糧は関係者の日常を十分賄い、余分は地元民にも提供。加賀藩派遣の医者は島に残り、医院を開き島民も診察した。島民との親睦、融和は進んだ。

◆悠々自適、誇り高く生きた後半生

秀家は八丈島に流された時は33歳。以後83歳で死去するまでの50年間、「天道に恥じる卑劣なことをしなかった」と矜持を持って悠々自適の生活を送ったと思われる。

その物的証拠とされるのが、西大寺観音院所蔵、岡山県立博物館保管の2幅の軸装だ。「西大寺湊屋文書」として知られ、秀家真筆の漢詩、短歌、随想など9点が表装されている。

秀家が亡くなる明暦元（1655）年か1年前に、八丈島に漂着した岡山・西大寺の湊屋船員が秀家とみられる老人に会い、居宅で交わした会話や、その時もらった〝島書き〟と呼ばれる文書9点が現存する。

文書は身辺雑記もあるが、「萬事無心一釣竿三公不換此江山」のように悠々自適の近況を述べたものもあり興味深い。

9点は湊屋船員の子孫3者がそれぞれ所有していたが、散逸を避けるため、明治17（1884）

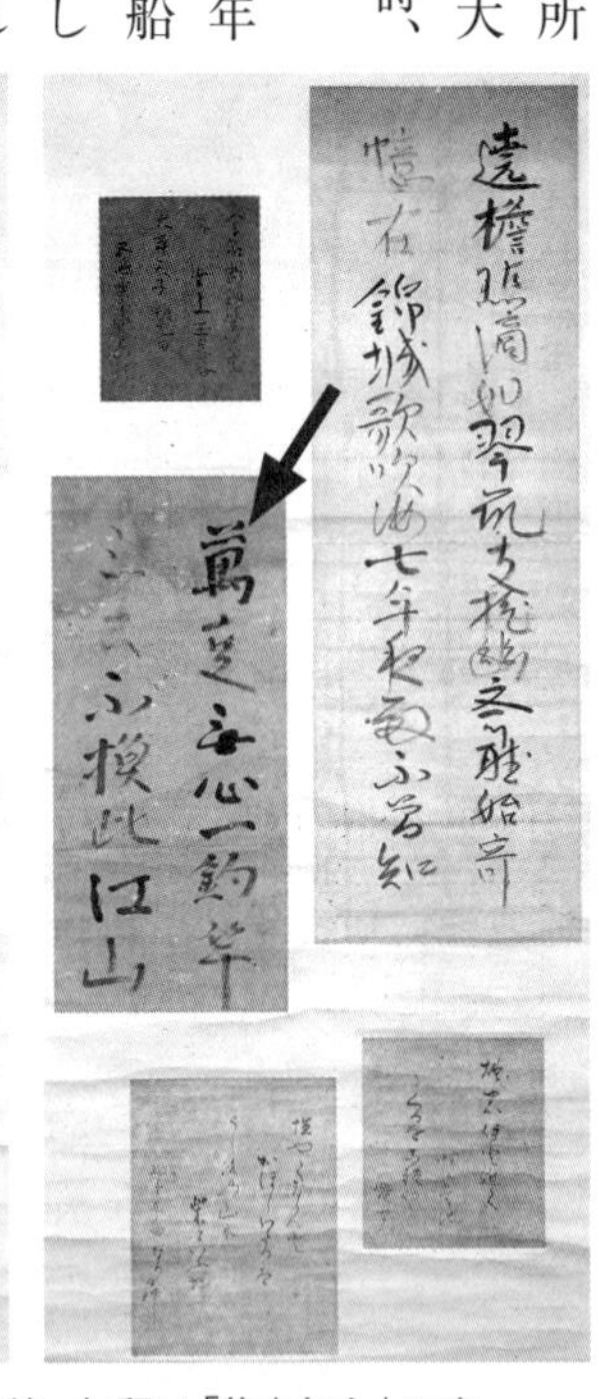

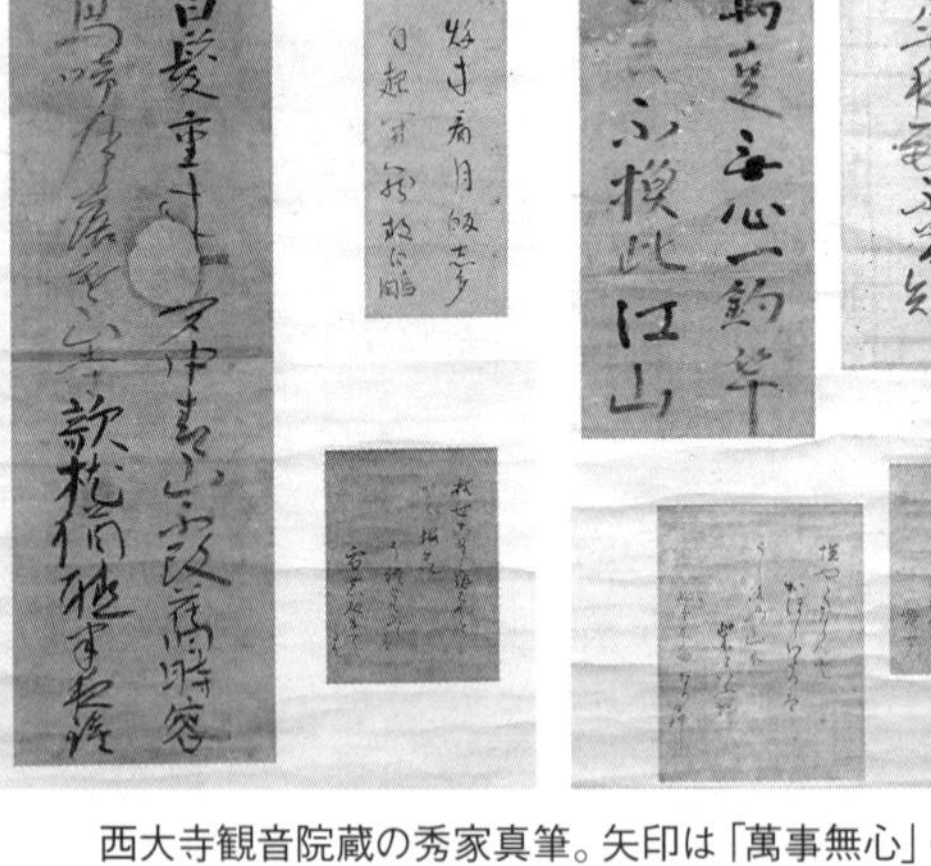

西大寺観音院蔵の秀家真筆。矢印は「萬事無心」の書（県立博物館保管）

年に宇喜多氏ゆかりの観音院に寄贈され、同院が2幅に表装して保存してきた。八丈島歴史民俗資料館にも2幅の軸装の写真が展示してあった。

この軸装と八丈島の秀家の生活は、明治、昭和前期の郷土史家も関心を持ったようだ。明治43（1910）年2月には「山陽新報」に西大寺高女（当時）初代校長が5回連載で寄稿。中國民報には『邑久郡史』の編纂などで著名な郷土史研究者が、昭和8（1933）年9月から13回にわたって連載している（両紙とも山陽新聞の前身）。

◆『吉備温故秘録』が伝える八丈島の秀家

湊屋が西大寺に帰港以降、八丈島の秀家の生活はさまざまな形で取り上げられている。信ぴょう性が高いとされる『吉備温故秘録』にも載っており、2人の会話を筆者が要約すると以下の通り——。
芳烈公（光政）のとき、湊屋の船が嵐に会い八丈島に漂着した。ある乗員が上陸しやっと見つけた人家に入ると、白無垢を着た老翁が机に向かい書き物をしていた。
老翁「どこから来たのか?」
乗員「日本国備前からだ」
老翁「備前だと?　今だれが統治しているのか」
乗員「松平新太郎という人だ」
老翁「松平という姓だけではすぐには分からない。本来の姓は何か」
乗員「池田と聞いている」
老翁「それは私が知っている池田（輝政=筆者注）の孫か、ひ孫だな。ここに気ままに書いた詩や短歌がある。土産に差し上げるから持って帰るがよい」

乗員「ありがたいがお名前を聞かないと……」

――しばらく無言の後――

老翁「八丈島で会った老人からこんなものをもらったと言えば、きっとわかる人がいるだろう」

乗員は渡された紙片（計9枚）を懐に入れて持ち帰り、西大寺の人に見せたところ、「殿はご無事だ」と喜ばれ、湊屋が大事に保存してきたという。

この詩歌など9点は、すでに江戸時代に評判になり、西大寺に立ち寄った頼山陽ら文人墨客が鑑賞、秀家の凛とした生き方をほめているという。

また当時の戦国大名は、ほとんど50歳台で死亡しているが、秀家は島流し後に50年も生存、83歳の天寿を全うした。当時としては異例の長生きである。巷間伝えられるような貧困と絶望のどん底にあえいでいたとしたら、50年もの余生には耐えられないはずだ。

◆金沢市立玉川図書館保存の『久福様御遺訓』に見る秀家

秀家が「天道に恥じない行動をとった」と八丈島での余生を誇り高く生きていた証拠はまだある。金沢市立玉川図書館蔵の『久福様御遺訓』である（久福は秀家剃髪後の呼称）。

この『御遺訓』は明治２（１８６９）年、宇喜多家の子孫すべて（20数家族になっていた）が本土に帰ることを許された時、いずれかの家族が『宇喜多家旧記』を持ち帰り、その中に『御遺訓』があった。

加賀藩士がその全文を筆写、現金沢市立玉川図書館の「加越能文庫」で保存されてきた。岡山県下には秀家の資料が少ないだけに貴重な存在だ。

『御遺訓』の存在を明らかにしたのは、岡山県郷土文化財団元参事、備作史料研究会会長を務めた人見彰彦氏。八丈島旅行に同行し現地講演会で明らかにした。

『御遺訓』で秀家は児島高徳を祖とする家系を凋落させてしまったことを詫びた後、「天道に叛かず、人の道を誤らなかった」と西軍副大将格で家康と戦って敗れたことを釈明、次いで「人の道とは金銀財宝にあらず、高位高官にもあらず」「君臣、父子、夫婦、兄弟、朋友の交わりを能（与）くすることである」と強調。「利欲をかえりみず、人の道を生きて家を滅ぼしたがそれも本望」との弁明も見られる。

八丈島に配流後しばらくして、幕府が秀家に特赦を出そうとしたが、「自分は人道に叛くような罪悪をしていないから、〝許す〟という考えは筋違いだ。秀吉公の死の直前、枕頭で秀頼様を後継者とする誓約書に5人の大名が互いに血判を押したが、それを破ったのは家康だ」との考えがその根底にあったと人見氏は解説した。

若いころには統率力に欠けるといわれた秀家だが、幾多の困難と孤独

金沢市立玉川図書館蔵の「久福様御遺訓」の冒頭
（山陽新聞社刊『岡山城史』から複写）

「久福様御遺訓」について講演する人見さん（2007年撮影）

に耐えて人間的に成長、「身安楽に心乱れず」の境地に達したのか。それとも絶望のどん底の捨てぜりふと見るか、意見の分かれるところだろう。

八丈島には秀家の墓や菩提寺の位牌、岡山城築城４００年を記念して建立された秀家、豪の坐像などもあり、観光名所になっている。

【参考文献】
▽『久福様御遺訓』（金沢市立玉川図書館蔵）赤井克己著『おかやま雑学ノート』第5集

島の中心部大賀郷にある秀家の墓。当初は脇の小さな卒塔婆だった

岡山城築城400年記念に建立された秀家と豪の像

かけ足で見た八丈島点描

菩提寺の宗福寺（右）には秀家父子の位牌がある

北条早雲の家臣が16世紀半ばに設けた陣屋跡の玉石垣

島内に茂る樹木は亜熱帯だが、緯度は九州の大分、佐世保とほぼ同じ

日本初の世界的女性アスリート 人見絹枝が遺したもの

猪木正実

今年は、日本初の世界的女性アスリート、人見絹枝の没後90年に当たる。岡山市出身で、大正から昭和初期にかけて日本及び世界の女子陸上競技界を席巻した。そして打ち立てた記録だけでなく、日本女性の存在を世界に知らしめ、日本では女性スポーツの在り方・考え方を根本的に変えさせた。且つ24歳と言う短命でこの世を去った。だからレジェンドなのである。２０２０東京五輪にあたり、女性アスリートの先駆者、人見絹枝が遺したものを改めて考えてみる。８月２日は人見の命日でもあった。（敬称略）

明治40年生まれ、岡山高等女学校でテニスに目覚め

人見が生まれたのは、１９０７年（明治40年）で、岡山市南区福成地区（旧御津郡福浜村）の農家だった。父・猪作、母・岸江の次女。おてんばで、天性の運動神経を持ち合わせていたようである。成績も良かった。福浜尋常高等小学校から、難関の岡山高等女学校に進む。

同校ではテニスに目覚め〝関西一の前衛さん〟と称されるまでに。ここでたまたま陸上競技大会に出場、陸上競技と出会っている。同校卒業後は、勧められて東京・二階堂体操塾（二階堂トクヨ塾長、後の日本女子体育大学）に入学、卒業後、一時京都で体育教員をした後、再び同塾に戻りトクヨ塾長の仕事を手伝っている。

その後、１９２６年（大正15年）５月、乞われて大阪毎日新聞社（大阪市）に運動部記者として入社、記者とは言えアスリートの道を歩む決断をしている。人見19歳だった。

人見絹枝（人見家提供）

人見が羽ばたき世界に日本女性の存在を知らしめる

人見が一番輝いたのはアスリートとしての実績だ。

先ず、岡山高等女学校時代。当時、彼女はテニス選手として大活躍していた。そんな時、岡山県中等学校陸上競技大会に、員数が足らないからと出場を頼まれて代役として出場する。すると、走幅跳で4メートル67の日本新記録を出してしまった。〝岡山の人見〟の誕生である。人見、まだ16歳の少女である。

次が二階堂体操塾時代。岡山県陸上競技大会に県から要請を受けて出場、三段跳で10メートル33を出した。こちらはなんと世界新記録だった。〝日本の人見〟衝撃のデビューだった。

こうして、日本新記録や世界新記録を出したり更新したりし続けていく。これによって、人見は世界に知られる存在になる。

最初に羽ばたいたのは、スウェーデンのイエテボリで開かれた第2回万国女子オリンピックだった。これは、通常のオリンピックには女性の出場がまだ認められていなかったため、これに対抗する形で、女性の大会として開催されもの。

人見は日本から唯一人、当然アジアからも唯一の参加となった。現地では不安を抱えながら大会委員長（アリス・ミリア国際女子スポーツ連盟会長）に挨拶に赴いた。大柄の人見は洋装をしていた。

ミリア夫人はちょっと驚いた表情で「人見さん、貴方は日本の婦人ですか…」とひと言。人見はけげんな表情で「イエス」。すると夫人は「はあ…そうですか。私は日本の女は背の低い體の弱い人ばかりと思っていましたが、貴方のような婦人が出来たのですか…日本も運動が盛んになったものですね」。

当時の日本女性に対する欧州人の一般的イメージは、こんなものだった。そこに、欧州人に引けをとらないくらい大柄で洋装の人見を前にして、欧州人は一様にビックリし東洋からやって来た〝ミラクル・ガール〟と受け取ったのだろう。

競技の結果は、並み居る欧州勢を横目に、人見の個人総合優勝となった。7万人の観衆が総立ちになり拍手がしばらく鳴り止まなかったという。〝世界のヒトミ〟の誕生となった。

人見は、１９２８年（昭和3年）の第9回アムステルダムオリンピック（オランダ）で、日本の女子陸上競技界としては初のメダルを獲得する。この大会は、ミリア夫人らの努力によって初めて女子のオリンピック参加が認められた歴史的大会だった。

人見は、メダルが最有力と期待されていた１００メートル走に失敗、悲嘆の中、「これでは祖国に帰れない」とほとんど走ったことのない８００メートル走出場を懇願、やっとのこと出場が認められ、激走の末つかみ取った銀メダルだった。

また、１９３０年（昭和5年）チェコ・プラハで開かれた第3回万国女子オリンピックには、5人の若いアスリートを引き連れて参加している。この時も個人総合2位という好成績を上げている。

このように、人見は各種世界大会出場を通じて、日本女性の存在を世界に強力に印象づけた。また、国際女子スポー

岡山市立福浜小学校の人見絹枝像

岡山県総合グラウンド陸上競技場の「遺跡＆スポーツミュージアム人見絹枝コーナー」。オリンピックウェアや銀メダル、人見のデスマスクなどゆかりの品々が展示してある。隣接して有森裕子コーナーも。陸上競技場前には人見絹枝像も

張学良と会見する〝人見記者〟（人見家提供）

チェコ・プラハにある人見絹枝記念碑
「その魂が愛により世界を輝かした女性」とある（日本体育大学提供）

ツ連盟などの世界のリーダーたちにも、日本及び、日本女性に対する認識を新たにさせたといえる。この功績は大きい。一方、国内においては、スポーツの持つ意味、女性のスポーツ参加の重要性について考える端緒をつくった。

女性スポーツに対する日本人の認識を根本的に変革

第二は、日本社会の女性スポーツに対する認識を根本的に変えたことである。当時の日本社会の支配的考え方は「女に学問は要らない」「女が足をさらけ出して…」といったもので、女性が走り回ってスポーツをすることなど、とても考えられなかった。旧来の良妻賢母型教育に、女性のスポーツなど入り込む余地などない。

そんな中に、民主主義思想の広がりによって、新しい女性像を求める女性解放の流れが起こってきた。大正デモクラシーの潮流である。人見は、スポーツを通じて女性の地位向上、解放運動と取り組んだことになる。

著書「最新女子陸上競技法」の中で人見は「おせば凹む様なお嫁さんを欲する男の人は今の日本にはいないはずだ。昔日本の男の人が欲したような女は一刻も早くこの日本になくなって（欲しい）」と記している。

人見は、世界大会参加など海外遠征を通じてミリア夫人を始め、西欧の女性アスリートと交流、女性スポーツの重要さを強く意識していた。『体育は生まれてから死ぬまで一刻も中断してはならない。選手をつくるためではない」「休日は家族団らん、スポーツしたり公園でくつろいだりしている」―実体験や取材を通じて西欧の現実社会を目の当たりにする。

「スパイクの跡」では「私は女子スポーツの精神の作興に努力すべきだと考える。奮い立て日本の婦女子、目覚めよ我が友よ」と呼び掛けている。日本社会の認識を変えるべく日々努力している。人見等のたゆまざる努力によって、現在の女性スポーツの隆盛があると言える。

女性記者の魁〝人見記者〟狡猾さも覚えて…二刀流の魁

第三はジャーナリストとしての活動である。人見は大阪毎日新聞社では運動部記者。れっきとしたジャーナリストだ。男性に混じって立派に記者業務をこなしている。正に女性記者の魁である。19歳で入社、4ヵ月後にはスウェーデン行きである。新人〝人見記者〟は、女子オリンピックの記事やレポートを十分こなしている。アスリートと記者、正に〝二刀流〟の魁でもある。

入社1年目の感想は「一日一日と社内の様子も、記者としての知識も、狡猾さも覚えて大分人間が悪くなった様に自分ながら思われ出した」だった。

有名人のインタビューでは、1929年（昭和4年）、満州財閥の張学良と会見している。満州事変（1931年）の前で、緊張した満州情勢の中でのインタビューだったが、そこは女性メダリストの〝重み〟があり、無難に乗り切っている。

人見記者の特色は、女性アスリートという別格の実績を持っている上に、文章力、国際感覚に優れていることだ。国際感覚は、イギリスに留学経験のある二階堂トクヨからしっかり教え込まれたはずである。

人見記者は、毎日新聞紙上にレポートする他、折に触れて情報発信。社会の啓蒙に努めている。ちなみに、甲子園の高校野球大会の入場行進のやり方は、人見の提案によるものであるという。

若手女性アスリートの発掘、育成に大奮闘

第四は若手女性アスリートの育成と懸命に取り組んだことである。初の海外遠征だったスウェーデン・イエテボリ大会には、人見はたった一人で参加した。しかし、悲哀を感じつつもそこで得たものは、観衆の暖かい大喝采だっ

た。「（こんな世界大会に）将来を担う若い女子アスリートを参加させ、世界を見せ経験を積ませたい」。これが人見の悲願となっていた。

そこで始めたのが、第３回万国女子オリンピック（チェコ・プラハ）への選手派遣のための資金集め（募金活動）だった。当時は派遣費用の国の支援など考えられなかった。全国の女学校や女生徒に呼び掛け〝十銭募金〟キャンペーンを展開、自ら東奔西走。目標額を達成したのは、プラハに出発する３日前。何とか５人の若手アスリートを送り出すことが出来た。

また、人見は雄弁家でもあった。世界大会からの帰朝後を中心に全国を回り、講演やコーチをこなしている。女性がスポーツに取り組む意味のＰＲと、自分に続いてくれる後継者の発掘・育成のためである。

人見は、新しい方式、考え方を積極的に取り入れていく事でも知られている。人見は、同郷でもあった谷三三五に専任コーチを依頼、指導を受けている。当時は、誰も自己流の練習ばかりで、専任コーチを付けるのは初めてだった。それが人見のメダル獲得に繋がっていく。

谷は岡山県備前市出身で、短距離界の王者とも称され、大正時代のアジアの陸上競技界をリードした。メダルはならなかったがパリ五輪にも出場している。人見と共に、後進の指導、育成に努めた。

○

人見は、女性スポーツに対する社会の認識を改善し、女性がスポーツに取り組みやすくする環境作りを積極的に進めた。現在の女性スポーツ全盛の基礎は、人見によってつくられたと言っても過言ではない。

母校である日本女子体育大学の永島惇正元学長は、人見絹枝生誕１００年記念誌の中で次のように語っている。

「人見は女性スポーツの開拓者であると同時に、女性の生活の開拓者であり、女性の社会的地位の開拓者であり、日本女性の国際的評価を変えるきっかけを作った」。
人見絹枝の遺したものは、とてつもなく大きい。

参考文献
『スパイクの跡』（人見絹枝著）
『ゴールに入る』（人見絹枝著）
『最新女子陸上競技法』（人見絹枝著）
『生誕一〇〇年記念誌人見絹枝』（日本女子体育大学）
『伝説の人人見絹枝の世界』（岡山文庫、日本文教出版）

人見が獲得した銀メダル
（第19回アムステルダム1928）

（表）　（人見家所蔵）　（裏）

「本業はどっちなら！」

〜山陽放送初代社長谷口久吉氏をしのぶ〜

廣坂武昌

筆者が当時〝ラジオ山陽〟と呼ばれていた山陽放送にアルバイトとして雇われたのは、昭和33年（1958）6月のことである。その時代は殊の外就職難で、学校を卒業してもほとんどの人は就職口が見つからない、という社会状況であった。NHKのドラマでも、「大学はでたけれど」という番組があったのを覚えている。特に仕事がなくぶらぶらしていた筆者を呼んでくれたのは、この就職難をかいくぐって、山陽放送に経理マンとして入社していた同じ高校を卒業した同級生のT氏であった。この人のおかげで山陽放送に入社できて、〝谷口久吉〟という筆者の生涯の師に会うことができたと感謝している。

このころ民間放送でもテレビ放送が始まっていて、山陽放送はローカル局トップ（全国で7番目）でテレビ放送を開始した局である。その後のテレビのマスコミとしての隆盛をみると、谷口社長の先見の明がうかがえる。（そのテレビ放送開始のため増

亡くなられた次の年の4月完成。役員室ロビーにある谷口久吉氏胸像（以前は玄関ロビーにあった）

資をすることになり、その増資にかかわる作業をする人手として入社した)。増資の作業が終了したのでお別れの挨拶をしたある日、ご好意でアルバイトから一つ昇格の〝臨時雇い〟として、引き続き働かせていただけることになり、社長室に呼ばれた。谷口社長は正式入社の訓示として、いろいろ社会人としての心得を話してくださったが、その中で、「やるからにはまじめに全力でやってくれ、給料がようけい欲しいんなら、そんなに出せんから、弁当を持ってすぐ去んでくれ。」と言われたことを覚えている。報道機関という社会的使命を優先してほしいという意味であったろう、と思う。創業当時（昭和28年4月、放送開始は10月）、放送といえばまだまだＮＨＫであり、民間放送は将来的に「海のものか山のものか」予想がつかない業種であった。創立時は、主要な社員は出資企業から派遣された地元紙山陽新聞社・クラレの社員などで、技術屋さんや報道制作は、元ＮＨＫ出身の人などその道に経験のある人材であったようだ。収入源としての会社の将来が不安なことは当然で、一応会社として放送局の体裁がととのってから、本人の希望で元の会社へ復帰した人もいたと聞いている。

今思うと山陽放送はローカル局とはいいながら、その時の経営者は中央に負けない資質の方ばかりであった。谷口社長は山陽新聞社社長、中国銀行副頭取など経験された方であり、当時の巽専務はクラレの工場長や監査役を歴任された方で、後年ＲＳＫバラ園を創設した人であり、藤本常務は山陽新聞東京支社長で、川柳で鳴らした人材で、どこの企業にも引けを取らない中央センスも備えた経営陣といえる。だから、当時まだよその地域の局が決断しかねている中で、いち早くテレビの放送開始を決断できたのではなかろうか。その後も山陽放送は、ローカル局としては、積極的経営をしている。エリア内の中継局数の多さとか、その無人化・自動化などの放送技術的改革も数多く、また、現在ではどの局もやっている夕方のテレビローカルニュースワイド生番組を他社に先駆け昭和46年（１９７１）10月スタートするなど、全国的にも特筆されるような事例は数えきれないぐらいである。

この時の増資は七千五百万円の資本金から二億円にするものであり、一株五百円であった。谷口社長は自ら中央はもちろん、岡山県出身者の企業、県出身の有力者、県内の企業、公共団体、県内の有力者、知り合いなどを訪ね出資をお願いして回られた。その行動は次の昭和36年（１９６１）の一億円増資の時も同じで、民放では例のない株主総数約１０００名を数えた。それは谷口社長がお願いできるところはすべて当たり、出資額にこだわらずお願いしたので、10株〜20株などの株数の株主が結構多いせいである。結果、地域の放送局として、県外・県内至る所に株主がいる、というマスコミとしても望ましい、地元の視聴者に名実ともに支持を得られる、という形ができあがった。谷口社長は当時、日本ではあまり見たことのないエメラルドグリーンのオペルという車に乗って県内を回わり株主を集めた。ある日、よほど話がうまくいったのか、（社長車の運転手Mさんが、筆者に話をしてくれたこと）。県北の田舎のお店で「この店で一番高いものください。」と言って買い物をし、嬉しそうに手にしていた、と聞いたことがある。それは、谷口社長が自ら出資の協力を求めてお願いに歩いたこととの逸話である。どうしてこのような企業が株主になってくださったのだろうというような株主は、経営者が岡山県出身者、あるいは岡山ゆかりの企業などであったようだ。もちろん、社員は臨時雇いに至るまで割り当てがあったことも、株主数が多い理由であろう。

山陽放送は当然、はじめはラジオ放送から始まり「ラジオ山陽」の愛称でしたしまれた。そしてテレビ放送をいち早く開始したことはすでに述べたが、新社屋を建てて地元の百貨店「天満屋」の別館から移転することになった。石山公園と呼ばれた旭川のそばの高台であった。すぐ近くには烏城とも呼ばれた岡山城があり、城内に放送局ができたことになる。それに岡山市民会館、ＮＨＫ岡山放送局が並立して、新しい文化ゾーンを形成することになった。昭和37年（1962）4月から引っ越しをはじめ、5月には引っ越しを完了した。今思うと、よくぞ昔の岡山城の中へ引っ越せたもので、建物のそばへお堀の跡もあり、池田の殿様も、時代の変化の大きさにさぞ驚かれたことであろう。山陽放送の建物には城の石垣が再建されている。尤も小学校も病院も民家も既に昔の城内の〝本丸〟近くに建てられていたが……！

谷口社長は、経営者としての顔と文化人としての顔があった。というより、文化人としての顔のほうが強かったというべきであろう。筆者の会社の席は総務で、社長室のすぐそばにあったから、役員を訪ねてこられるお客様は全部すぐそばを通られた。経済関係というより、谷口社長のお客様は、文化関係や学術関係の方のほうが多い、という印象であった。昭和37年（1962）12月、そうした活躍の成果が評価され、藍綬褒章を受けられた。その後も文化・経済的活動に対し勲三等瑞宝章、岡山県文化賞、岡山市自治功労賞のほか、多数の表彰を受けられている。谷口社長は、民間放送の創世期の多忙の中でもその文化・学術関係の仕事の多さは変わらず、社員の中にはその行動範囲の広さに、感服半分・本音半分で「ウチの社長の本業はどっちなら」という人もいた。しかし、実は、こうした社長の動き～幅広い文化教育活動、経済活動～などは、山陽放送の放送活動のために必要なことであった。エリア中におられる多数の株主や、経済人や文化人とのお付き合いは、社員の業務のための活動をいかに円滑にすることになったか。それは、どこへ行っても関係者がいるという環境を作り、取材や番組制作、営業活動を理解して協力して下さる親派の畑づくりになっていたのではないか。筆者が社長について行った先で、「谷口さんを支えてあげにゃあな（と思っている）」といわれた方もいた。

谷口社長が、自身の苦労話をされているのを聞いたことはない。役員会での話は知らないが、社員への話は、ほとんど創立記念日などに行われる定例の「社長訓示」であったと思う。会社内外の事件、事柄を取り上げて会社や社員がどう対応するかなど話されていた。自分がえらい目をしているなど、勿論話されたことはない。社長訓示といえば、谷口社長の口癖は、「こうしたひとつの……」であった。（例えば、当時だんだん激しくなっていく労働組合の動きなど取り上げて、「こうしたひとつの動き云々が……」と話を展開するか、結論をいうくせであった）。

旧館の時も新館に移った後も筆者の仕事は総務であったが、秘書の手が足らなかったからか、役員倉庫に有名な画家や彫刻の方の作品がたくさんあって、それをノートに書きだしてチェックする仕事も一時やっていたように記憶する。そのおかげで、当時の岡山の中堅の芸術家や、久吉氏と交流のあった文化人の方々を知ることができた。そのほか、秘書的なお手伝いとしては、久吉氏が役員室から出てこられて、「おい、今あいているか、○○へ行くからついてこい」と声をかけられることが多くあった。上司はだめとも言えなかっただろうから、当然ついていくことになった。そのことはずいぶん、岡山の文化について学ぶことになり、また多くの業界の方々にお会いする機会になった。それが自分に常識を蓄えることにもなって、そういうことがなかったら、後年お付き合いも口をきかせていただく機会もなかったであろう、えらい方々にお会いできたことを思うと、人生の幅が増やせてありがたいことであった。お供させていただいた主な行く先は、久吉氏の教育振興活動では、岡山大学～法経短期大学部（後の法文二部）や工学部の新設～、石井十次聖苑、文化振興活動では、総社吉備路の国分寺や宝福寺修復、曹源寺支援など、のちに表に出てきて思い当たる活動事項のほとんどを同行させていただいている。（私事であるが後年、高校出の筆者も岡山大学法経短期大学部へ会社在籍のまま入学した。これも久吉氏の教育振興活動のおかげである）。

お茶を一服。くつろぐ谷口久吉氏

石井十次の記念館が残っていて、それにも何度も連れて行っていただき、岡山の「ペスタロッチ」ということを教えていただいた。総社の国分寺は、住職に会いに行くことが多かった。何の話をされたか記憶に定かでないが、ある時、五重塔の話になり、その中を見学させていただいた。五重塔は、簡単に言うとよくお墓に立ててある卒塔婆であり、外観の豪壮さ！　に比べ中は柱と階段ばかりであった。宝福寺も何度も一緒させていただき、座禅というものを初めて経験し、お茶をいただくこともしばしばであった。

久吉氏の一番の文化人たるところは、俳句の人〝俳人〟であることだと筆者は思っている（俳号は古杏）。会社内にも俳句同好会を作ってときどき句会を開かれた。筆者も参加させていただいたが、よくわからない世界から、後年俳句をたしなむようになったことは、筆者の人生の無形財産となった。久吉氏の俳句は5・7・5にも

古杏氏78歳の時の一句

社内俳句会の一日

こだわらず、時には季語もふくまれていない句がある。それとなく季節がわかり、誰が鑑賞しても状況を理解できることに重点をおかれていたように思う。俳句について5・7・5とか、季語が常識と思っていたが、筆者の作句については、いかに言いたいことが表現できるかに重点を置いて、俳句の基本は大切にしても、あまりそれに縛られないでつくるようになった。

かなかなや　朝の枕灯　妻と消す

という俳句は古杏氏の代表的な俳句であるが、この句を会社の俳句同好会で発表されたとき、一人の女性社員が、(おじいさんのくせに!)「ずいぶん色っぽい俳句ね」と言って冷やかしたら、久吉氏は、「ふぇっ、ふぇっ、ふぇっ」と満足そうに笑った。まさに適切な我が意を得た講評だったのであろう。句会ではそれぞれ自分の作句を一句ずつ名前を書かずに久吉氏へ出して、講評を聞くのであるが、よいのがあったり、問題のある作品があると、「これは誰の作か」と聞かれる。筆者の作も何度か講評にのぼったが、あるとき、筆者の「山肌の匂い夜気と　沁みてくる」という句についてほめていただいた。字足らずであるし、季語がない。しかし、古杏(久吉)氏は、秋の夕方の雰囲気がよくでている、との評価をしてくれた。古杏氏は誰が読んでも、「そうだな」と理解できることを大切にされ、添削はされなかった。

筆者が勤めた会社の社長としての谷口久吉氏、文化人として人生を照らしてくださった谷口久吉氏、俳句というものを身につけてくださった谷口古杏氏、民間放送が盛期を迎え始めた創業時に開拓精神を自らの行動で示され、無意識のうちにそれを社員の身に着くようにされていたに違いない。若い筆者にとって、タイムリーな〝時の流れと人との出会い〟であった。そのことを感謝しなければならない、と筆者は最近つくづく思う。

それに対し、いろいろチャンスを与えていただいたことに適切に対応できなかった自分に悔いもあり、谷口社長に、（もう今更、間に会わないが）いろいろな経験をそれとなくつけていただいていたことに、感謝するとともに、その時はそのことに気がつかなかった失礼を、お詫びせねば、という気持ちでいっぱいである。昭和43年（１９６８）11月2日逝去された日の夕方、谷口久吉相談役の車が、入院されていた大学病院から本社玄関前を通られて、そしてすでに暗くなった道を自宅へ向かわれた。その車をお見送りしながら、暗がりの中で涙したことは忘れない。

別項の（『備中吹屋を歩く』）取材で吹屋へ行ったとき、『成羽史話』という冊子（昭和39年・１９５４・11月・成羽町教育委員会発行・大原総一郎氏序文））に出会った。表紙の文字が、見たことのある字だな、とよくよく見たら、久吉氏が書かれた題字であった。思いがけない出会いで、「久しぶりじゃな、元気か」と言われたような気がした。

山陽放送が社員向けの社報の発行を始めたのは、昭和35年（１９６０）である。谷口社長は、その中で「社員はこれを利用して言いたいことを言い、社の経営にまつわる内外の知らなければならないことを知ってもらいたい。」と述べられている。また、社員手帳には、「山陽放送の活動が社員のみならず、エリアみんなの幸福につながらねばならない」とも、その理念を記されている。

山陽放送はまた新しい社屋を完成した。若い社長が亡くなられたという悲しいことはあったけれど、全社員で前を向いて、谷口久吉初代社長の活動や理念をもう一度思い出して頑張っていただきたい。

終わり

吹屋の見どころ

～自然も、建物も、歴史も、人柄も！

廣坂武昌

筆者は昭和20年（1945）米軍の激しい空襲攻撃を避けて、岡山市から父親の生家のある、川上群成羽町（当時）へ疎開した。父親の生家は坂根屋という屋号で、中野田原というところでは、まずまずの家柄であったという。父親の弟さんが継いでいて、親戚とはいいながら、身を寄せられたほうは突然で、さぞ迷惑なことであったろうと思う。まだ小学校も行ってない筆者は、そこのところはよくわからないままであったが、受け入れてくれた親戚の一家にとっては、さぞ厄介なことであっただろうと、その後、家族でよく思い出話になった。当時、日本中がアメリカの戦闘機から爆撃を受けていたので、「疎開」は結構普通になっていたが、受け入れるほうは、住むところに加え食べ物の手当も伴うし、いくら田舎といっても、そんなに楽な話ではなかったろうが、命にかかわるので拒否もできない、という事情があったと思う。

とりあえず住んでいたところは、自然豊かな子供にとって遊ぶところの多い地域であった。きれいな水の小さい川が山から下りてきて、魚や沢蟹、蛍がたくさん住んでいて、遊ぶことには事欠かなかった。そのうち、はみ（マムシ）というおそろしい蛇もいることを知ったりしたが……。

もう一つ楽しかったのは、「備中神楽」という古典芸能が見られたことであった。今なら、日本創世の神話の演劇であることは知っているが、神楽は当地の定着した芸能であり、地元の人なら神楽は誰でも知っていて、誰でも演じる（舞う）ことができねばならない演芸、という土着の芸能（民俗芸能）であったようだ。子供たちが見よう見まねで、神楽を演じて遊んでいた覚えがある。そしてこのあたりの、例えば、昔庄屋であったとかその地域で中心的な家とかが、年に一度は、百姓仕事や山の仕事が済んだ夕方から、親戚縁者はもとより、集落の近隣の人々を、酒食でもてなしながら神楽を楽しむ、という慣習があったようだ。それが身を寄させてもらった親戚の家で催されていた。天の岩戸開きでは、演技の要らない「天照大御神」は、そこの当主の役で、「手力男命（たじからのおのみこと）」が岩戸を開くと、天照大御神の面をつけて現れるという演出もあった。鬼のような角のある、八岐大蛇（やまたのおろち）退治は、恐ろしいけれどこの神楽のハイライトシーンであった。子供たちは大黒様が餅をまくのが楽しみで、眠い目をこすりながら、その場面を待っていた。

終戦（昭和20年8月）の次の年、地元の中野田原の小学校へ入学したが、その年に坂本という所へ家が移りそれから3年生の3学期初めまで、中野田原まで兄と歩いて通った。現在は坂本～中野田原はトンネルが開通しているが、当時は坂本川沿いの道しかなく、道辺に人家はほとんど見当たらず、もちろんバスなどはないし、またあってもバスで通えるような経済事情になく、毎日およそ片道8㎞を歩いて往復した。このあたりの道の通念は〝歩くもの〟であったらしく！　山・坂を上り下りするところが多い。おまけに、夏は神鳴りの多いところで、通学の行きかえりにしょっちゅう出くわしたものである。冬は子供の背丈ほども積もる雪の中を通った。毎日遅刻であった。そのほか、坂本の山を登るとどこでも雲海が見られた。それらがこの地区の美しい自然を脳裏に鮮やかに残すことになり、もう人生末期になった今でも鮮明であり、そのことが吹屋をここに取り上げる動機となっている。

坂本へ移ってから、ベンガラというものを強く意識せざるを得ないことが日常にあった。それは、家のすぐそばにベンガラ工場があったことと、雨が降るとすぐそばを流れる坂本川とそこへ流れ込む支流が、大量の血を流したように真っ赤になることであった。現在ならすぐ公害問題でニュースになる。（古い記録に、下流のお米農家から代官所に米が取れなくなったという訴えがあったという記録があるそうだ）。ベンガラ工場で働く人の作業着は、赤く汚れてあちこち破れてボロボロになっていたが、これも今なら労働環境云々で問題になったであろう。また、元鉱山のトンネルがあちこちに口を開けており、（まだ現役？の坑道もあったが）休みの日は格好の遊び場になった。夏は涼しいし、冬は暖かかったからである。ある時、坑道の近くで遊んでいたら、トロッコを押してトンネルの中へ入っていくおじさん（坑夫）が、「一緒に入るか？」と連れて入ってくれた。ところが、途中で「危ないからもう帰れ」と言われ、真っ暗な坑道を半泣きで線路を足で探りながら外へ出た記憶もある。（戦後、電化時代がきて硫化鉄は録音テープやビデオテープに使われたから、しばらく硫化鉄の採掘は続いたと思う）。筆者のいるころも、自宅の近所の木造の建屋に山の上（鉱山）から、鉱石を箱に詰めてケーブルでおろしてきていた。現在「笹畝坑道」が観光施設になっている。笹畝坑道は、吹屋へ行かれたらぜ

笹畝坑道

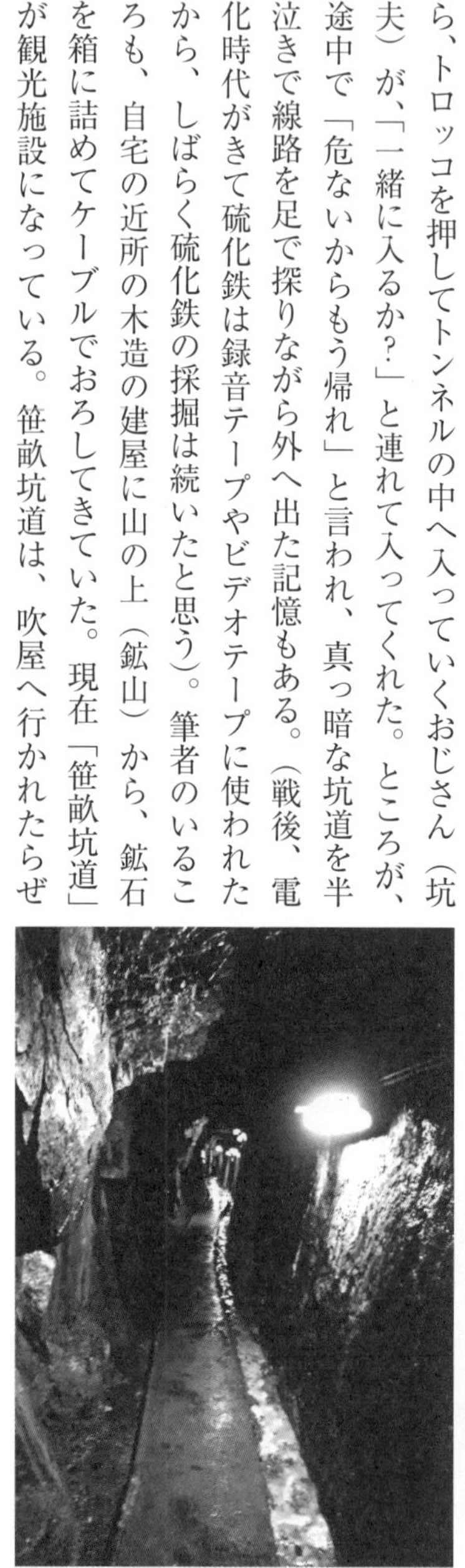

笹畝坑道の中。溝口には〈ローハ〉が見える

ひとも中へ入ってみていただきたい。外で見るだけでは、坑道内の迫力がわからないからである。腰をかがめないとトンネルの中は歩けない、岩で囲まれた穴の中へいる、という理由のない恐怖感が湧いてくる。トロッコの元線路の道の溝には、エメラルドグリーンの水が流れている。これがベンガラを作るローハである。

そのほか、まだ戦時中と思わざるを得ない工場もあった。それは、戦闘機の燃料が足らない、ということで松の根を蒸して〝松根油（しょうこんゆ）〟なるものが作られる工場があった。「勝魂」にかけた言葉であろうが、松の油などで飛行機が飛ぶものかどうか知らないが、竹槍で米兵と戦おうという精神論と考えを一にするものだったのではなかろうか。松はローハを作る過程で必要な燃料でもあった。そして、終戦まもなく食料対策であろうか、サツマイモから澱粉を取り出す工場ができて、ひどい悪臭はするは、川は汚れるは、と評判は悪かったように覚えている。坂本では、住んでいた家のすぐ前の山には、秋になるといろいろな子供の腹の足しになる食べ物がいっぱいできた。アケビは勿論、野生のカキの実＝山柿（小さいが甘くたくさん実った）、クルミなどがおやつであった。現在は幻の食べ物であるが、松茸はうっかりすると足で踏みしだくほどで、当時は「貧乏人は松茸を食え」と言わんばかりであった。よくできたもので、その代わり、イノシシやタヌキと取り合いであった。畑のものも彼らにほとんど食われてしまったものである。

先述のように坂本には、山から銅鉱をおろしてくるケーブルがあって鉱石が下りてくるたびに、建屋に落とす鉱石の音が雷のように響いていた。坂本の上にある吹屋には古くから銅山が開発されていた。いつごろから開発されていたかは、はっきりしないところもあるらしいが、平安時代にさかのぼれるのでは、と伝えられている。（弁柄は銅鉱開発の副産物であったようだ。弁柄は埴輪の顔料までさかのぼる、とされている）。吉岡銅山と呼ばれていたが、「吉岡」という名前は、佐渡の金山で有名な〝吉岡〟鉱山の名前にあやかったとされる。

ベンガラ館。水車をつかって鉱石を砕いた

吉岡銅山選鉱場（廣兼一勇喜氏提供）

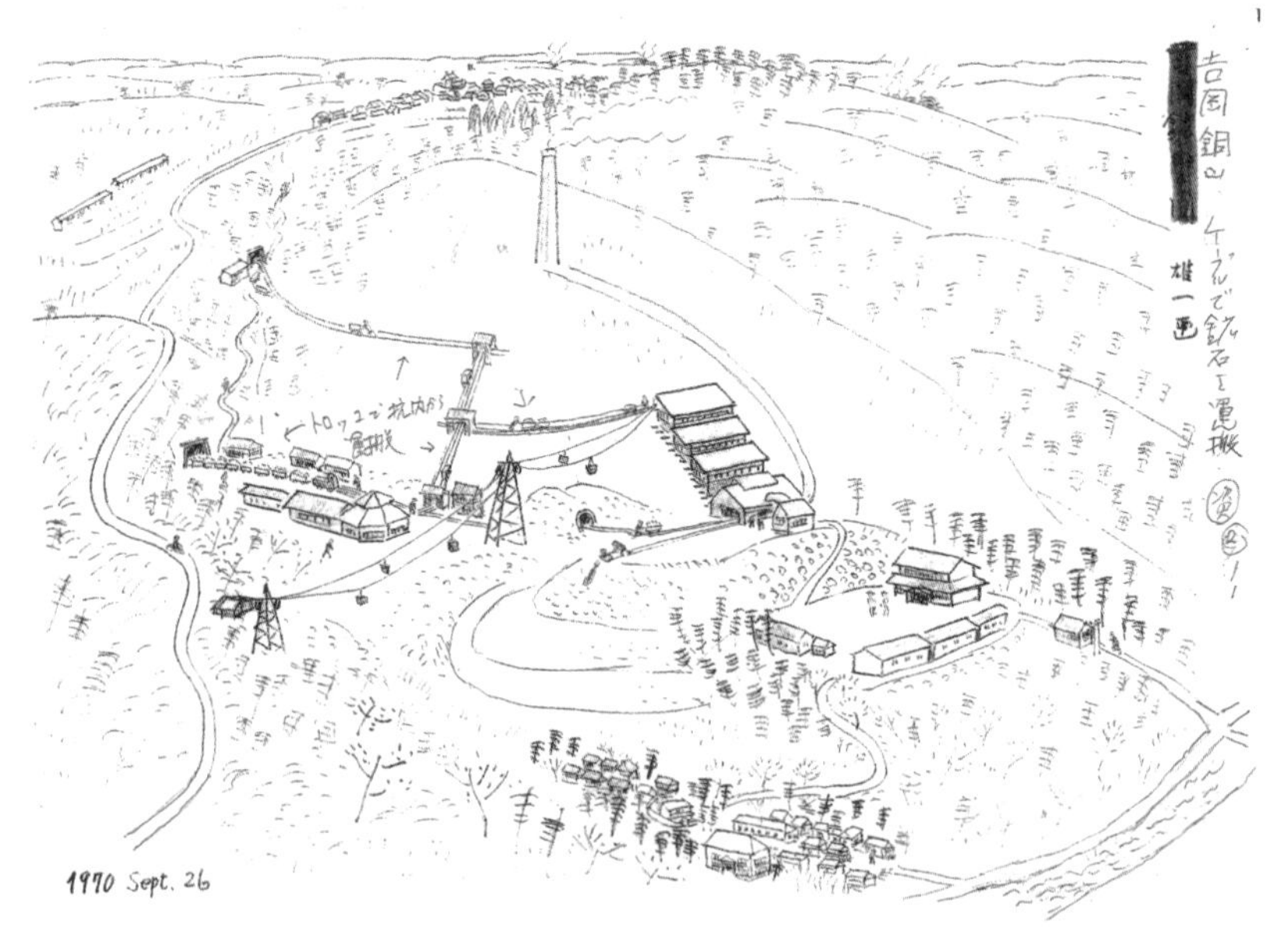

ケーブルで鉱石を運搬（麻田芳敬吹屋町並店主会会長提供）

吹屋の銅山開発は、地形もあってか苦労の連続であったらしい。まだ、規制の行き届いてない江戸時代の初期は、大坂などから鉱山師が入って乱掘し、採算が合わなくなると撤退したという。大坂の豪商小泉家（後の住友家）も入ったが、排水路や強い岩盤など手をかけることが多く、およそ30年ほどでついに別子銅山へ移った。その後へ幕府の要請もあって、大塚家が力を尽くしたが、最終的には排水路工事などで採算が合わず、撤退を余儀なくされたという。明治に入って、三菱商会の岩崎弥太郎が経営した。弥太郎は、外国人技師を雇い、削岩機など採掘を機械化するほか、トロッコ軌道の成羽～田原新設など経営を近代化した。その後公害発生、天災などトラブルの発生などあったが、吹屋の発展に大いに寄与した。しかし、世界恐慌の影響もあって、昭和6年（1931）に休山となった。その後も銅山は再開の試みはあったが、採算が合わず昭和47年（1972）銅山としての幕をとじた。

ベンガラは、偶然の産物であったらしい。銅山は銅鉱のほかに磁硫鉄鉱も産出されるが、銅の生産には関係ないので捨てられていたようだ。（銅鉱と一緒に掘られるので、近銅と呼ばれていた、とある）。この鉱石を使って、おしろいが作れないかなど研究されていた。一説には、偶然この鉱石が火鉢の中に入っていて焼けて妙な臭いがするのでこの焼石を縁先に捨てていたところ、雨に打たれその水が赤く染まったことからヒントを得た、とのことである。鉱石を焼いて水洗いすれば赤い色素が得られたことから、それをさらに凝結させたローハ（硫酸鉄）という原料にして「弁柄」を製造するに至った。時は宝暦元年（1751）、西江、谷本、広兼家などによって量産され、この地域の一大産業になった。

＊硫磁鉄鉱石（硫化鉄）百貫目（375kg）につき、薪を約九十貫（705kg）を必要とし、約三十貫（113kg）の緑色の結晶が得られ、（ろうはという）、弁柄を作る材料となる。百匁（375g）60銭（円でいうと0・6円）が売価。お米一升（1・4kg）が十銭の時代。（ろうは百匁のお金でお米約4升が買えることになる）。

＊「ろうは（ローハ）」という単語は、正式には「りょくばん」（緑礬）という硫酸鉄などの水和物で、青緑色の結晶のことと、「広辞林」にある。止血剤などに使う「明礬（みょうばん）」も硫酸とアルミニウムなどの化合物である。

＊ベンガラ館で展示している、およそ横30㎝、直径20㎝程の丸四角の硫化鉄鉱石を持たせていただいたが、なんと20kg以上もあって、簡単に持ち上げられるものではなかった。これをトロッコへ乗せて運ぶにしても、大変な重労働であったことだろう。

＊ベンガラ館の図説で見ると、ベンガラがいろいろな製造過程を経る中で、ろうはを赤い粉にして天日で乾燥する図があったが、これも風が吹けば舞い上がるし、雨が降れば取り込みが大変で、製品ができるまでの苦労はひとしおであったことがうかがえる。（なお、ベンガラ館は田村家の弁柄工場の跡地に作られている）。

弁柄は古くから赤色顔料として使われて来たらしい。「ベンガラ」の名前は、インドのベンガル地方の黄土から産出されていたものからきている、とされている。初めは長崎から入っていた商品であろう、と言われている。当時大阪などで鉄屑のさびなどから作っていたベンガラが、吹屋で優良な原料によって品質改善され、その後工場も増えて工業化

緑礬

ローハの文字

砕いたベンガラ鉱石を水につけ酸を抜き、干し板にうすく塗って天日で干して完成

が進んだとされている。特に、奈良時代から仏像や仏画に用いられたり、有田焼や九谷焼に色も出せるようになってその隆盛に寄与したし、また漆と混ぜて使えるようになり、その土地の名産の陶磁器を生むことに貢献した。そのほか織物の染色に使われ、利用されるようになった。現代でも建材の腐食防止と装飾、カラーアスファルト、乗り物の切符、スマホのアンテナ、金属の研磨剤など用途は広い。この山岳地帯で、米作りもままならず、イノシシやタヌキのほうが人口が多い！　地帯であったが、この銅の生産とベンガラの製造の産業は大いに吹屋の繁栄に寄与した。

ちなみに、江戸末期ごろには吹屋の弁柄工場は十か所くらいあったそうで、そこで働く人、燃料の木を切り出す人、荷造りされた製品を成羽まで運ぶ人など、吉岡銅山で働く人も含めれば、その雇用効果は大きかったことは想像に難くない。（直接雇用されたた人だけでも千人を超えたという）。製品化したローハを、牛・馬の背に乗せて吹屋～成羽往来を運んだとあるが、先述したように地形の関係もあってか、道は狭く山坂を上へ下へのところが多く、便利な運搬手段が普及するまで多くの人手と体力を要したことと想像される。（『成羽町史』にもそうした記述がある）。尤も、明治41年（1908）には成羽川に沿って成羽～田原間（その後坂本まで延長）に一人手押し用のトロッコ専用の軌道が敷かれ、燃料や原料・製品の運搬に使われたようだ。同44年（1911）には吉岡銅山には、米国製の鉱石運搬電車3台が導入されたそうで、

明治41年敷設の成羽川沿い手押しトロッコレール（成羽-田原間＝現在は撤去　麻田芳敬氏提供）

意外と早い運搬手段の向上が見られる。銅山や弁柄工場の繁栄で、経営者たる三菱の岩崎弥太郎の主催で本格的大阪歌舞伎なども催され、吹屋の繁盛ぶりがうかがえる。そのほかに、筆者がこの地にいたころ、土地の長老に聞いた話では、銅山やローハの工場で関与して働く人に、食料、衣料、日用品など販売し、生業とした地元の人もいた、と聞いている。お百姓の多い村なのに人が行き合うとき、商人のように「まいど」という挨拶をしていたのも、その故かもしれない。

吹屋良いとこ金掘るところ　掘れば掘るほど金が出る

などと謡われ、吉岡銅山の銅や弁柄は、東城方面の物資とともに各地に売りさばかれ繁盛を極め、長く別天地の賑わいを来たした。そして、明治時代に入って、先述の三菱の大資本が入ったりしたが、昭和初期頃から、銅山も弁柄工場も次第に休止となり、昭和26年（1951）ローハの生産は止まり、片山家の昭和46年（1971）弁柄製造中止に続き次々に生産中止となり、元の静かな吹屋に戻ってしまった。

現代、ベンガラは企業での生産物になっている。しかし、地元の産品を生かしたり、観光地として売り出したりの復興の努力は、吹屋も例外ではない。弁柄（ジャパンレッド）を生かした昔の街並み、往時を忍ばせる名家や坑道などは、多くの人をひきつけるに十分な吹屋の財産である。いち早く、吹屋ふるさと村が開村され（昭和52年・1977）、同時に映画『八墓村』も放映され、また吹屋が、「重要伝統的建造物群保存地区」に指定された。（鉱山町として、全国に2か所だけである）。令和2年（2020）6月、ジャパンレッド発祥の地として「日本遺産」に認定されたことにも、その資源の良さが証明されている。勿論、元弁柄屋の旦那衆が相談し、石見の宮大工を呼んで家を建て直し、商人町の地区に仕立てたことと、あの特徴的な釉薬瓦の石州瓦（塩田瓦）を焼くなど、技術も取り入れたという努力があった。

吹屋の繁栄に貢献した名家のうち、観光資源として象徴的な屋敷は、「広兼邸」であろう。山の中腹にお城のように石垣が築かれ、お城のような豪邸が建っている。映画「八墓村」のロケに使われてから全国的に知られ有名になったようである。そして、入り口は家に来る人を監視する不寝番が常駐していた門長屋になっている。そして、番頭部屋、下男部屋、下女部屋が本宅を守るように入り口の左側に続いている。本宅の内部には、多分金庫を兼ねたであろう蔵がある。広兼家はもとは大津寄村（現在の高梁市松原）に住んでいたが、中野村の女性と結婚して移り住んで、元の平松から屋号の広兼を苗字にしたとある。初代は当

広兼邸案内看板

広兼邸。正面の坂を登ったところが見張り小屋

時の村人の暮らしを経済的に助けたと言われている。二代目の広兼元春という人が、銅山の経営のほか、坂本の西江家、谷本家とともにローハ・弁柄生産に取り組み、財を成すとともに、中野村の庄屋を勤め繁栄の基礎となった。当時はお伊勢参りに行くにせよ、四国八十八ヵ寺詣でをするにせよ、藩を越えて旅をする場合、「往来手形」を必要としたが、その往来手形を検分する役も仰せつかっていた。それは、現代の新見から成羽へ抜ける街道のそばにあった、広兼家から分家した坂根屋がその役をやっていた、と当時の古老から聞いている。そして三代目、四代目と弁柄生産に勤め、両世代でますます繁栄したそうである。弁柄産業が下火になって、八代目の安彦氏の時の昭和60年（1985）2月、宮夫人（横山大観画伯の孫）によって広兼邸は岡山県に寄付され、(その後高梁市に移行管理され高梁市指定文化財）現在に至っている。よって、当主は住まれていない。吹屋の街並みの中にひときわ大きな屋敷がある。これも弁柄で財をなした片山家である。（これも高梁市指定重要文化財となっている）。片山家は屋号を「胡家（えびすや）」と称し、吹屋弁柄創業期から株仲間に加わり、十八世紀後半から、約二百年吹屋弁柄産業を支えた豪商である。当主は代々〝浅次郎〟を名乗った。昭和46年（1971）九代目で廃業した。その間、吹屋村や坂本村の庄屋など勤めた。家・屋敷は広兼に劣らぬ面積で、正面道路に母屋と宝蔵が並んで間口いっぱいに建っている。玄米蔵、弁柄蔵、道具蔵など備えている。分家の家は、郷土館になっている。片山家が注いだ吹屋繁栄の努力は、地元で高く評価されているようだ。あのきれいな吹屋の街並みは、片山家の力が大きいとされている。片山家も当主は現地に住まれていない。

　吹屋の町からちょっと離れているが、坂本に西江邸がある。西江家は銅山で財を成した家である（銅山師（やまし）の西江、弁柄の広兼という）。予約しないと見学できないとのことで、門前から正門を写させていただいたが、若いころ中を見学させていただいた経験があり、お白洲を鮮明に記憶している。今はないが門に大きなスズメバチの巣もあった。西江家は元は関東の出で北面の武士として禁裏（宮中）につかえた名門とされてい

片山家ベランダで博覧会で内務省の褒賞をうけた時の商品ポスター

吹屋町並にある郷土館

吹屋町並を率いているような片山邸

る。早川代官の庇護などによって、鉱山経営にあたり、坂本村などの庄屋も務めた。お役目として上納米の収容のほか、飢饉時など有事の備えとして米穀を収納保管、厩などもあって、駅馬・御用馬の飼育管理など、そうしたお役も申しつけられていたようだ。何より銅山経営者として、銅山の掟（山法）をを監視する役に加え、代官所に代わって火事・盗賊などの取り締まりもいいつかり、十手取り縄預かりとして、今でいう裁判所・検察の役目もあったので、先述の庭にお白洲が残っている。享保年（１７２０）の頃、長門（山口県）から職人を呼んでローハの開発に成功して、坂本に住する谷本家、中野の広兼家とともに弁柄の材料の供給を始めて財をなした。このように、鉱山経営、ローハの供給・弁柄製造、近代に至っても、財界などで活躍されたとのことである。家柄はともかく、そういう才覚を遺伝的に持ち合わされていたということであろう。筆者のかよっていた小学校に、六年生担当の〝西江先生〟がおられた記憶がある。西江邸の関係の方と聞いていた。現在も十六代目がご長寿で、英語に堪能な方で観光ガイドに助かっている、と聞いている。今は十八代目が家を守っておられ、株式会社西江邸の社長さんであるとのこと。

（この御三家の項は、地元での取材によるものもあるが、『成羽史話』を参考にした）。

鯱が目立つ西江邸正面

坂本の西江邸

吹屋の街並みを歩いてみると、弁柄色の屋根瓦と弁柄の壁でいかにも明るくて楽しくなる。瓦は石州瓦と聞いていたが、話を聞いてみると、今は「塩田瓦」というとのことで、それは石見の国は塩田郷の産なので、という説を聞いていたが、先述のように吹屋の立て直しの要請に応じて吹屋で技術を伝授し、そのまま住みつかれたので、吹屋の産ともいえるようだ。台所用品も作られて、塩田焼というそうである。吹屋銅山精錬所の煙道用瓦としても使われていたとのこと。瓦の模様に花や唐草模様などのほか、蟹の模様があったので、何か言われがあるのか、その家の人に聞いてみたら、「え？　蟹のもよう？　知らなかった」という返事であった。そのことも、わからないままである。職人さんの遊び心であったであろうか。休憩に通りのお店へ寄ったら、そこの店主さんが「吹屋町並み店主会」の会長さん（麻田さん）で、吹屋の歴史やガイドの仕方など、吹屋ふるさと村元村長さん（戸田さん）を先生に勉強会を定期的にやっておられる、ということで、吹屋も大丈夫と安心した。また、明治のころの記録写真など貴重な資料もいただいた。

　吹屋の街並みから少しはずれたところに旧吹屋小学校がある。少子化はここでも進んでいて、平成24年（２０１２）閉校し成羽小学校に統合された。宇治平等院！　のようなバランスの取れた構えである。ここを卒業された方にとって、閉校はさぞ無念なことと推察される。聞くところによると、成り立ちは銅山経営の三菱の事務所として建設されたが、坂本のほうに大きい

吹屋町並の石州瓦になぜか蟹の模様

町並みの家々に「祝日本遺産認定」の表示

銅鉱脈が見つかり、そちらへ事務所が移転、建物は吹屋町へ寄付されたので、事務所の建物を中心に校舎を継ぎ足して吹屋小学校になったそうだ。取材時（令和3年）修復工事が行われていたが、最後まで在校していた人や卒業生は、早く工事が済んでオープンされる日（令和4年春）を、ひときわ待ち望んでおられることだろう。

　ボランティアの観光案内の方も多くいて、観光客に気軽に声をかけてくれる。筆者が住んでいたころは、純粋な？　吹屋弁！　であったが、今は、テレビや現代教育のおかげで全国統一の標準語になっている。筆者が小学校3年生の終わりごろ、転校した岡山市内の小学校で友達に話しかけても、使い慣れていた中野や坂本の方言が出ていたのか、「おめえの言葉は、時々何いようるんかわからん」とよく言われた。次の吹屋弁？　で、イントネーションと意味がわかる人は、地元の人も含め何人おられるだろう。（下のどの意味か線で結んで見て下さい！）。

1＊いなげな　　　　a（＊へりくつをいうな・おおくちをたたくな）
2＊いんにゃあ　　　b（＊しょうもないこと・やくにたたないこと）
3＊おやこいんせえ　c（＊よなか）
4＊かばちゅうたれな　d（＊むちゃくちゃ）

有名な吹屋小学校は修復中

5＊くちなわ
6＊こうじくな
7＊じなくそ
8＊すっちょうな
9＊ほてようまあ
10＊やげろうしい
11＊よおさり

e（＊ずるがしこい）
f（＊いやいや＝否定）
g（＊やかましい）
h（＊おだいじに・ゆっくりしてください）
i（＊へび）
j（＊がんこな）
k（＊おかしな）

方言は日本各地にあるが、それは地方の文化を代弁してきた大切な文化財だと（筆者は）思っている。尤も方言でものをいうと、田舎者の（代名詞）ように思われるのが普通になっているが。吹屋などこの地域は、先述したように、中央政府の政策で相当古く（平安時代）から、銅鉱の精錬が行われていた、（銅銭の材料が少なかったので、銅鉱の開発の一貫として）とあるから、言葉や地名も古語が使われ、現代でもその名残があることは否めない。だから語源の根拠がわからない方言は、古い日本語か、朝鮮半島から渡来してきて住んでいた人種の朝鮮語など外来語の名残という感じがしないでもない。日本人や日本語の起源などの研究は結構多く、日本列島は海に囲まれているので、潮の流れに乗って南方や西の方からいろいろの人種が渡来できたから、ヒマラヤのふもとから渡来してきた人種のレプチャ語であるとか、土地の特徴を地名にしていることが多いアイヌ語のアイヌ人であるとか、インドネシア、ヴェトナムなどの東南アジアから来た人種であるとか、紀元前2～3世紀までに渡来してきて住み着いた縄文人の作った地名や言葉の説は多い。例えば、くたくた煮る、の「くたくた」＝煮る（レプチャ語）、「四万十川」の「しまんと」＝カワウソ（の多い川・アイヌ語）、高知県「土居」の「ドイ」＝山（インドネシアなど東南アジア）など、それを裏づける言葉が残っている、としている。縄文文化を押しのけた弥生文化は、その後の日本文化の中心となるが、これは朝鮮半島から渡来してきた人たちと言われている。現在でもそうであるが、日本海流に乗れば筏ででも、日本列島に流れつくことができた。政権を奪われた王朝の人たちも（例えば伽耶、百済、新羅）、次々に日本へ亡命してきた。（弥生時代当初は伽耶語が基礎となったとされている）。

　およそ三世紀ごろできたとされる大和政権は、百済王朝との関わりの記録が多い。島根県にできたた出雲政権も、古代朝鮮の「昔王朝」の亡命政権と言われている。その故か両者が総社など岡山県西部での政権争いをした記録も多い。そうした中で当時の出雲や大和から来た人で、現在の県北でいえば、新見辺りから総社、吉備中央町に住みついた人もいるのでは、と筆者は思っている。例えば、吉備中央町は、旧称賀陽町であるが、昔は賀夜町と言った。元住んでいたところを地名にするという実例は、北海道などへ入植した人たちが、住み着いたところを、故郷の地名に準じた地名にするという例にもみられる（北広島市など）。これは、日本各地に似たような例がある。同じように、かや＝伽耶の国からきた人 がこの地に住み着いたのではないか？ という説は有力である。（またこの辺りには、新羅式の古墳もある）。古い地名や土地の言葉（方言）は、昔そこへ住んでいた人が名前を付け使っていたものであるというのは多くの著述にある。（地名や方言は時の流れとともに変化していくから、その歴史を知ることは難しく、資料がないと諸説が生まれ定説になりにくい）。

　話が難しくなってしまったが、前述したように一概に言えないとは思うが、岡山の人でも理解できないここの土地の方言や地名が古語を思わせる。子供のころこの辺りの人が、「うさぎ」のことを「おさぎ」といっていたのを覚えている。「おさぎ」は朝鮮語の「おさがん」の訛りである。土地名の例でいえば、例えば、「奈良」は古代朝鮮語で「みやこ」とか、「くに」いう意味であることはよく知られているが、その説で類推すれば、この辺りの地名で「ながぞうり」、「おおぞうり」というのがあり、これは古代朝鮮語の「そうり」（そふり）の訛りともいえ「集落」の意味であるから、その頃は人家が割と多い集落があった、と考えられる。また成羽は、なぜ成羽なのか、成羽とは何のことを意味して名づけられたのか。『成羽町史』の「成羽」の説明は、当時の（平安時代から成羽とよばれていた）人がつけた名前であろうから、その由来はよくわからない、と書かれている。川に渦があって、渦の音がするので「鳴輪」とか、鉄の産地は「羽」の字が付くことから（鉱石の意？）「成羽」ではないか、という説を載せられている。平安時代であれば、当時の住人は朝鮮半島から来たばかりの人で古い朝鮮語かもしれない。その説で推量してみると、「成羽」の「なり」（な、ない、なり）は、「川、流れ」の意であり、「運ぶ」という意味にもなった。川の「港」というか、「渡し場」の意味ともなった（『日本語の正体』金容雲）。「羽」は鉄あるいは鉱石であるから、中野、坂本から運ばれてきた銅が、ここから船で玉島のほうへ運ぶため、船に積み替えられていた場所なので「成羽」となった、と筆者は推量している。町史の解説を借りれば、「鉄の出る土地を流れる川」かもしれない。「吹屋」は、広辞林の古代日本語の解釈通り、「金属を吹いていた＝鋳造していた家＝屋があったから。」（『成羽町史』）と説明がある。

片や方言では、「ほてようまあ」、「すっちょうな」という言葉などは、日本語の何から変異したのか、想像ができないから、やはり、当時使われていた日本語・朝鮮語の古語であろう。「やげろうしい」は、長崎でも聞いたことがある。「いんにゃあ」は、「うんにゃ」という地方は結構あって、古い朝鮮語の「あにゃあ」である。韓国ドラマでは、「アニエヨ」と言っていた。ほかについては、在日の韓国の人に、類推できる韓国の言葉を聞いてみたが、分らないとのことであった。

吹屋への提案として、（筆者の個人的希望としても）広兼邸や、片山邸、西江邸などで、民俗芸能としての「備中神楽」を全部でなく、どこか一場面を上演する日（例えば、春・秋などの観光シーズンの毎週日曜日など）

を作って、観光客に見せてはどうだろうか。大黒様の餅まきでもいいし、猿田彦の舞でもいい。観光客（特に外国人）も喜ぶだろうし、増員策になるだろう。民俗芸能「神楽」の保存・普及にも役立つと思う。有料にする（一人千円など）と鑑賞した人の価値感にもなるし、それが観光記念になる。取材に行ったとき吹屋の街並みを写生していた人が大勢おられたが、成羽は児島虎次郎で有名であるし、これに因んで吹屋を題材とした、「吹屋絵画展」を毎年開催する企画を立てて作品を募集し、できれば地元の有名人に審査してもらい、表彰するのもいいと思う。ほかにも町民のアイデアを募って企画・実施すれば、話題も作れ自分たちの故郷への関心も昂まるだろう。

久しぶりに故郷へ帰ってみたが、通っていた中野田原の小学校は今はもう無くなっているし、（田原農業高校になったが、それも今はない）坂本の元住んでいた家もどこかわからない。けれども、子供のころの山紫水明や、人情の厚さは変わらない。子供のころの吹屋の町は憧れの町であった。しかし、現在のような街並みでは無かったように記憶しているがよく覚えていない。吹屋へは余程の要件がなければ行くことはなかったからで、予防注射は吹屋まで上がって受けたことと、坂本の細い谷川を沢蟹を取りながら、あるいはクルミを拾いながら、吹屋のほうまで上がっていった記憶はあるが、残念ながら吹屋の町で遊んだことはない。遠いということだけでなく、昔は吹屋の町へ「上る」というほど、急坂を歩いて登らねばならなかった所為もあるだろう。今は新しい広い、勿体ないような広域農道もできて整備されている。取材の帰りに近道をしようと知らない道を走ったら、どういうわけかまた元の「吹屋ふるさと村」へ戻ってしまった！

コロナのせいで、吹屋取材行も思うようにできなかったことは、心残りである。早くワクチンが普及し、治療薬が開発されて、元のように自由に吹屋観光ができる日を待望するのは筆者一人ではあるまい。

終わり

【参考文献】
▽谷口澄夫監修「『成羽町史』民俗編」成羽町発行▽竹内明照著「成羽史話」成羽町発行（発行時成羽町＝現・高梁市教育委員会）▽「銅とベンガラの里・吹屋ガイドマニュアル」（吹屋観光ガイド資料）

【ご協力・資料、写真など提供他（敬称略）】
高梁市教育委員会（社会教育課）／廣兼一勇喜／麻田芳敬（吹屋町並み店主会会長）／廣岡典子（ベンガラ館）廣坂憲郎・聡子

●ページの答え
1＝k、2＝f、3＝h、4＝a、5＝i、6＝j、7＝d、8＝e、9＝b、10＝g、11＝c

贋作狂言

「弁柄詣で」

廣坂武昌

出演　弁柄仲間組合　甲、乙、丙、丁
　　　本山山神社（もとやまやまじんじゃ）　山神様（さんじんさま）

甲　「これは吹屋に住まい致す者でござる。生まれついてより、弁柄の中で育ち、今あるは弁柄家業のおかげでござる。今年も年の瀬が近うなってまいった。毎年、近くの山神社へ参って年を取り、この一年のお礼を申すが習ひとなってござる。さて、それにつきいつも同道致す連れがござる。これをも誘うて参ろうと存ずる。まず、そろりそろりとまいろう。こう参っても宿におられればようござるが、留守なら参った詮もないことでござる。イヤ、何かと申すうち早これじゃ。まず、案内を乞う。物申、案内申。

乙　「イヤ、表に物申とある。案内とは誰そどなたでござる。

甲　「私でござる。

乙　「いや、こなたのおいでを待っておりました。

甲　「さぞそうで御座らうと存じておりました。その儀なら追っ付けて参りましょう。

乙　「それがやう御座りましょう。

甲　「そなたから参られい。

乙　「先次第に御座れ。

甲　「先とあらば私から参りましょう。

乙　「それがやう御座りましょう。

甲　「さあさあ御座れござれ。

乙　「参りまする。参りまする。

甲　「毎年毎年山神さまの前で年を取りまするによって、言い伝え通り、次第次第に分限者になりまする。

乙　「おしゃる通り、弁柄の商いも思い通りにかない、これも山神様を信仰致すお陰でかな御座りましょう。

甲　「いや、なにかと申すうちはや山神様の御前で御座る。

乙　「はや、御前で御座る。

甲　「ささ、これへ寄って拝の召されい。

甲乙　「あら有難や、あ〜ら有難や。

甲　「さあさ、お神酒をあげましょう。

乙　「そなたからお供えなされ。

甲　（お神酒をだしながら）いや、あれにご同心の（丙・丁）殿が見えました。

（橋掛かりに二人出る）

乙　「どれどれ、おしゃる通り、あれは（丙）殿、（丁）殿で御座る。ご両人も年を取りに参られたものでかな御座りましょう。ヤアヤア、ご両人も年を取りに参られたか。

丙・丁「これはこれは、お二人ともお参りでござるな

甲　「この一年のお礼のお参りにきました。

丙　「おしゃる通り、この山神様を信仰いたすによって、商いをよいように導いていていただけることじゃ。

丁　「数年前まではだんだん落ち目になっていた弁柄の商いがよくなりました。

甲　「山神様のお守りもあり、また早川代官殿の采配の見事さが我々を救ってくださったといえる。

乙　「その通りじゃ。我々「弁柄仲間組合」を作っていただき、仲間同志で争うことをなくしてくださった。

丙　「さよう、東国、西国別にそれぞれが商いをして、奪い合いをしない決まりになった。

丁　「商いの値段を決め勝手に安売りをしないことも決められた。

甲　「それらによってみな商いが増え儲けも増えた。

乙　「大坂の鉄くずから作るダライコ弁柄は安いが、陶磁器に使って焼くとみな真っ黒になるということで、吹屋の弁柄の優秀さが証明されたのじゃ。

丙　「それというのも、西江様などが、原料の〝ろうは〟の開発をしてくださったこともある。

丁　「それに窯をたくもの、あくを抜くもの、石臼をひくもの、干場で働く者、それらを手伝うものなど皆の衆がようやってくれるで。

甲　「給金をはずまにゃあなるまい。

丁「今更ちょっと聞きにくいがの。この顔料を何としてベンガラというぞ。紅殻の訛りかと思うていたがの。

甲「身共も聞いた。聞くところによると、天竺（インド）のベンガルという所で作られている顔料じゃさうな。長崎の出島という所に住んで居る南蛮人が使う顔料で、それを報告するお役人が「弁柄」と書いているとのことじゃ。

丁「それは面白い話じゃなあ。また、一つ利口になった。

乙「それはともかく、吹屋の弁柄は、色がきれいにでて、西国は有田焼、東国は九谷焼など、ご当地の陶磁器を名物に仕立て上げておるとのことじゃ。また、漆器の輪島塗にも吹屋の弁柄は欠かせない顔料じゃ。

丙「それにしてもよその郷ばかり繁盛してもな。

甲「いやいや、この吹屋も大いに発展しておる。これも早川代官様の裁量じゃろうが、米のできない山ばかりの土地柄で、銅山や弁柄作りの建屋ができて、となり村はいうに及ばずそのまた隣村、また遠くの郷から銅山や弁柄の仕事場へ働きにきていると聞いておる。じゃによって、この山で仕事をしている人に米やら野菜やらの食べ物、着るものや日ごろ使う品物を扱う商いも盛んになっている。お百姓が人に出会うと、「まいど」とあきんどの挨拶をするやうになった。

一同「ハーッハーッハハハ。

乙「それゆえ、東城からは吹屋へ必要な品物が毎日ようけい運ばれてくる。トト街道というように海の魚も運ばれてくる。吹屋から成羽へは、銅や弁柄などが牛や馬で運ばれる。これも繁盛している。

丙「成羽でそのやうなものを何とするのじゃ。

乙「いやいや、成羽から高瀬舟に載せて瀬戸の海まで送り、そこからは先ほど言うた東国、西国、江戸などへ大きな船で送るのじゃ。

丙「吹屋は弁柄のお陰で大繁盛じゃ。今年もいい年を取って、来年も大儲けしようぞ。

（山神様、たまらず幕から出てくる）

山神　「ヤイヤイそこな衆。その景気のよい話は身共のお陰と思わぬか。
甲　「これはまたどなたでござる。
山神　「汝らは身共をえ知らぬか。
一同　「何とも存じませぬ。
山神　「身共はこの本山山神社の山神様じゃいやい。
一同　「これはおみそれ致いてござる。これへご来臨下されい。
山神　「心得た。床几をこれへ呉れい。
乙　「心得ました。（床几を出す。山神座る）
山神　「なにと先ほどのお神酒を出さぬかいやい。
甲　「はったと忘れておりました。
甲以外の一同　「早う上げさせられい。
甲　「心得た。（山神に）お神酒でござる。
山神　「これへ告げ。（扇を広げる）
甲　「それ、それ、それ。
山神　「オウ、オウ、オウ、オウ。なみなみとある。
甲　「丁度ござる。
山神　「アム、アム、アム、アム。いつもながらよい酒じゃ。これは成羽の大典白菊じゃな。とてものことに、余の神々にも進上申して取らしょう。
一同　「それは有難うござる。
山神　「南無、日ノ本国中の大神小神、別しては松の尾大明神大明神、このお神酒の余りはこの山神が給わろう。
甲　「ちと申し上げたいことが御座ります。
山神　「何事じゃ。
甲　「なにゆえ松の尾大明神とご賞玩なさるる。
山神　「汝らはこの仔細をえ知らぬか。
一同　「なにとも存じませぬ。
山神　「神を信仰するものがこの仔細を知らぬということがあるものか。松の尾の大明神は神々の酒奉行じゃによってこれへ進上申さねば余の神々の請取らせぬいやい。
甲　「斯様の仔細承ってござる。これからもお神酒は欠かしませぬによって、くる年もなにとぞベンガラの商い繁盛方願います。
山神　「それには元手がいるいやい。
甲　「これは山神様のお言葉共覚えませせぬ。私どもは、その元手欲しさに毎年お参りすることでござる。

山神　「これには山神ほうど詰まった。去りながら元手といえば汝らは金銀米銭のことと思おうが、信心の心の持ちようのことじゃ。これからも弁柄仲間を信じ、身内はもちろんこの地で共に暮らす人々にも福を分け与え、また忘れぬよう身共にお神酒を供えよ。すれば繁盛疑いなしじゃ。

一同　「ありがたいご託宣で御座る。あ～らありがたや、あらありがたや。（一同平伏して拝礼する）

山神　「ハ～ハ～ハ～ハ～ハッ。（山神『盃（さかずき）』を謡い舞い、幕へ入る。）

一同　（後に続いて幕へ入る）

終わり

記者歴五十年――思い出す人たち
その出会いと別れ（四）

池田武彦

ユネスコ（国連教育科学文化機関）の活動の一つに「世界の記憶」の認定がある。歴史的な資料を後世に伝えるのを目的にする。一九九二年（平成四年）に制度はスタート、認定数は四百を超えた。ベートーベンの楽譜、南アフリカのアパルトヘイト（人種隔離）政策の廃止をめざした人たちの証言などが入っている。本稿「記者歴五十年――思い出す人たち　その出会いと別れ」もそんな思いで書いてきた。いよいよ最終章、今回は長年にわたり地域経済に絶大な影響力を持っていた人に集中した。いつも笑顔がよかった岡山木村屋の梶谷忠二さん、さくら色のバスが通るたびに雄姿がよみがえる中鉄バスの藤田正蔵さん、不思議なお話が上手だった林原の林原健さん、たにまちだった千田組の上原進さん。みなさん〝帰ってこいよ〟。

パンとカルシウムで一世紀生き抜いた梶谷忠二さん

不覚にも五十歳半ば、胃を失った。私。家族や周囲の支援に助けられ、今日この歳に至っている。ある人物のおかげもあると思っている。

この人は、パン忠さん、と多くの人に愛された。パンメーカー、岡山木村屋の創業者梶谷忠二さん。明治三十三年西暦一九〇〇年の生まれ。岡山に旧制第六高等学校が開校した年。梶谷さんは平成十八年八月亡くなった。百五歳。静かに逝かれた。人生百歳時代といわれる。国内で百歳以上の人は十万人に迫ろうとするが、一世紀を生きるのは生易しくはない。

梶谷さんは平成十二年十月、百歳に感謝し自ら企画して百寿の会を開いた。会場は山の上のホテル、岡山国際ホテル地下のイベントホールだった。六十人を招いた。ありがたいことにその一人に加えてもらった。私は百寿の会の一部始終を梶谷さんのそばで見ていた。梶谷さんは十年前、九十歳の時にもここで約百人を招いた感謝の会を開いていた。そのあと一切の公職を離れた。肩の荷が下りてますますお元気、あのどなたにも真似のできない笑顔を絶やさない日々だった。百寿の会当日、エレベーターが開き招客が現れるたびに梶谷さんは近づいて迎え、くの字にお辞儀をする。長野知事、天満屋の伊原木一衛さん、中国銀行の稲葉侃爾さん、中鉄バスの藤田正蔵さん、黒住教の黒住宗晴さん、山陽新聞社の佐々木勝美さんら岡山を動かしている人がそろった。盟友の三浦星夫さんは車イスだった。梶谷さんは「おう」と声を掛け「よう来てくれた」と握手。メンバーチェックが終わって梶谷さんがサプライズの一声。「失礼ですが、百歳の私にあやかっていただきたく、これからお一人ずつ私と写真を撮っていただきます」。会場の一角に写真工房の宮原さんが待っており、梶谷さんと名士各人が並んでパチリ。どの人の顔も幸せいっぱい。「待たせたね。座って」私の番。この日のこの写真のおかげで今日の私がある。百寿の会はすべて梶谷さんが一人で仕切った。司会もし、乾杯の音頭、最後のあいさつまで超々

梶谷忠二さん百寿の会でうれしや。並んで撮ってもらう
（平成12年10月1日＝岡山国際ホテル）

忙がしい。祝宴のメニューも事前にホテル担当者と何回も何回もやりとりし、決めたそうだ。伊勢海老のお祝い仕立てから鯛ポワレ、マツタケ添え。牛フィレのポワレ、みそ香り。スダチのグラニテ、フランス小菓子など。梶谷さんは満足顔でお客さんに負けずパクパク。アトラクションは梶谷さんが長年サポートしている桃太郎少年合唱団がハピーバスデー。会場が酔った。

私はいつも、いつになっても梶谷さんにお会いすると「会頭」といった。昭和二十三年四月岡山商工会議所の議員になって昭和五十五年まで続けた。この間、昭和四十三年四月から昭和五十五年四月まで会頭だった。岡山商工会議所ビルにある岡山経済記者クラブに掛け出しのころから十年以上いて、原稿を書いていた。私の隣に常に梶谷会頭がいた。気遣いの人だった。平成二年十月の九十歳感謝の会には日清製粉の正田修さんや三菱地所の渡辺武次郎さんも出席した。声が掛からなかった私が「正田さんもいらっしゃったのですね」とその会の後日にお会いした際、未練がましくいった。梶谷さんは「そう、岡山の工場視察もおありだってお招きできました。渡辺さんは岡山国際ホテルの関係もありますので……」。梶谷さんは私の心中を見抜いていた。お別れして数日後、秘書の太田さんから電話をいただいた。「梶谷が西川荘でお待ちしております」。指定日に私は上司とうかがった。大きな部屋にたった三人。梶谷さんは下座で待っていた。会席料理。「遅くなりまして」と梶谷さん。もう恐縮。私は職場での肩書きがついてくるのが遅かった。そののろさに梶谷さんもおどろき、あきれていたのではないだろうか。昭和六十年三月、やっとにして部長職をもらった。辞令の出る数日前、静かな声で秘書の太田さんが「梶谷からお預かりしています」の電話。すぐ行って、オーナーは留守だった。封書をいただいた。「さっきお書きになって、出掛けました」。私のデスクで開いた。鳩居堂の便せんに「今回は待望の経済部長にご就任の事心からお慶び申し上げます。むしろ遅すぎた位と考へられます。梶谷忠二」。梶谷の谷が流れて忠二につながる梶谷さん独特のサイン。そのころ梶谷さんは神経痛が出ては消えまた出てと苦戦していたはず。なのに若造にこんなに気を配ってくれていた。

人一倍の気遣いは十代に二つの大きなパンメーカーで修業して培った。岡山県商で学んだ後、梶谷さんは十五歳で大阪に出た。まず映画の輸入会社の世話になった。すでにそんな職場があったのか。昼食はパンが多かったそう。一年ばかりで転職、パン屋に再就職する。当時西日本一のパンメーカーだった大阪四ツ橋のマルキに入る。大正六年二月の退社まで七ヵ月間、水谷というオーナーにつきまとって離れなかった。夏から秋にかけては、自ら水まきする水谷を手伝った。ほこりをたてぬよう、涼しくなるよう水谷の心配り。店の周囲ばかりでなく、水谷は四ツ橋交差点まで水をまきに行った。次の飛躍を思い、マルキを辞し、大正七年四月上京する。八重のサクラの花びらを塩漬けにしてパンに埋め込むあんパンで日本一のパン屋になっていた銀座木村屋総本店を訪ね「岡山にパン屋をつくりたい、そのための勉強したい、ぜひ見習いにしてほしい」。明治二年創業の木村屋はそのころは現店舗の真向かい、銀座四丁目、いまの三越のところにあった。三代目木村儀四郎が対応「マルキにいたんだね。うちでも励みなさい」。この店は開店前朝八時過ぎから〝小僧さん〟が総出で店の前を掃き清め、水を打つ。客の出入りには口を合わせて「いらっしゃいませ」「ありがとうございます」の大声を出す。儀四郎は店の奥の帳場でそれを見ている。閉店しても店の前で代わる代わる「ありがとうございました」。この光景は銀座名物になっていた。気配り、心配りで商売繁盛。梶谷さんから何度この体験を聞いたことか。記者という商売も一緒よ、と梶谷さんは教えてくれていた。

大正七年十一月の木村屋別れの日、木村儀四郎は「のれん分けをしてやろう」。木村屋はさまざまな手法で全国展開をしていた。直営店、無理なら経営権を地元の職人にまかせる。「木村屋」「木村家」の屋号を使っても良いとの認可証を出していた。大正八年七月、梶谷さんは岡山市表八カ町の新西大寺町に開店した。生家がある紙屋町に近い。二十歳の青年の起業、「店は金庫を大きくした様な焼釜」（梶谷さんの説明）を併設していた。東京の木村屋から看板「東京銀座木村屋岡山支店」が届いた。大量の豪州産小麦粉と二人のベテラン職人も木村屋から開店祝いに。梶谷さんは献身的な奉公で見事に木村屋オーナーの心をとらえた。いまでこそ各地、さまざまなおいしいパンを売る店が林立するが、炊いたご飯とみそ汁、漬物が常食、おやつはお芋、そんな大正中期の開店、梶谷さんは大変だったろう。イースト菌がパンづくりに利用されてから二年も経っていなかった。梶谷さんは木村屋の指示もあって食パンと菓子パンをつくった。あんパンは開店当初から並んだ。あんパン一つ四銭の商売。そのころ郵便封書の切手は三銭、新聞代は月七十銭。「よく売れたです」。近くに店のあった林源十郎が毎日大きな信玄袋を手に来店、食パンを買っていたと梶谷さんは思い出す。岡山市内に四カ店を持っていたキクヤパンは、梶谷さんのパンに刺激されてその年大きな暑中広告を中国民報に出している。

梶谷さんはあんパンのように甘くはない商売で勝ち抜くため、厳しい、厳しい。創業からしばらくして直営とともに梶谷さんのパンのみを売りたい人を対象に専売店制を導入している。フランチャイズ方式、専売店のエリアを定め、独占販売権を持たせる。加盟店はエリア内で安心して商売できる。

一時は専売店が岡山と備後で二百五十余店あった。いまはこの制度はゆるんだが、岡山木村屋の背骨になってきた。「荒療治もしました」梶谷さんがおつむをなでる。私、図に乗って「にっこり笑って人を斬るですか」。戦時下、昭和十七年、食糧管理法の公布でパンもお米とともに主要食糧となって国や自治体管理に。大阪は早々と府が企業整備し、パンとめん（麺）を官営にした。岡山もその方向で動きだす。梶谷さんは承知せず、配給をしっかりやると約束、官営をまぬかれた。そのため地元のメーカーを一つにし、梶谷さんがトップになって岡山パン製造を設立した。民営にこだわった。梶谷さんの公職のいくつかに岡山パン製造社長という肩書きがあるのは戦時の名残り。木村屋岡山支店。岡山パン製造を経て岡山木村屋になったのは、昭和二十七年。梶谷さんは開店直後、大正八年から岡山大学の場所にあった旧陸軍第十七師団と関連病院へのパン食の一括納入にも成功している。農家出身の人が多い兵士は、食パンがなかなかのどに入らない、まずい、堅い。「へい、へいと返事しておきました。苦情あっても忙しいのが私の栄養になり、励みました。元気でした」。学校給食にパンが出たのは、戦後まもなく。昭和二十二年四月の東京都下の学校から。米不足を背景に梶谷さんが全国の同業者に「給食にパンを出してもらおう」と呼び掛けた。梶谷さんは代表の一人となり、第一生命ビルのＧＨＱ（連合国軍総司令部）を訪ねている。「給食パンは堅かったでしょう」。令和の給食はおいしいそうだ。

私は仕事のかたわら国や県、市などの各種委員会、懇談会、審議会、研究会のメンバーに加わってきた。手元に残る辞令は九十三枚。九十一歳まで公務つとめた梶谷さんはいったい何百枚もらっただろう。この人、梶谷さんを上座に据えて置くと落ち着く。座のあんばいが良くなる。晩年に「佛」と一字書いた色紙額が梶谷さんの部屋に掛かっていた。年ごとに業界、財界の勝者梶谷さんは仏さまの心境に近づいていたと思う。岡山商工会議所会頭十二年、岡山県経営者協会会長を二回、計十七年、㈱岡山ステーションセンター社長、東中国通信サービス㈱社長、㈱岡山国際ホテル会長、㈳岡山県心身障害者雇用促進協会会長等世話役をいくつもいくつも。本業でも㈳日本パン工業会会長を十二年している。

新聞の記事は何事かあったら談話をつけている。何回、梶谷さんの談話をもらったか。もちろん梶谷さんの社業にかかわる記事もたくさん書いた。大物だ。取材して記事を書くと事前に原稿を見せてほしい、ゲラを拝見したいという人は少なくない。しかし、梶谷さんは一度もそんな無粋なことを口にしなかった。梶谷さんは「私の立場にふさわしい原稿にして」だけいって注文つけなかった。これは大きな責任を感じた。じっとしていない人だったからお会いするには一苦労した。岡山商工会議所会頭室に座るのを待って会議が始まる前まで十分ほど、いったん記者クラブに帰って閉会後の梶谷さんに話の続きを開くという綱渡りもした。本業、パン屋さ

おだやかな梶谷さん。この笑顔には誰もが魅了された

んの主人でいらっしゃる時は、しっかりとノリのきいた白衣、本店二階に「会頭室」。お店の横の階段をとんとんとあがり、秘書の太田さんの案内で、梶谷さんの執務部屋か別の部屋に。その日の梶谷さんが忙しいのかどうかは分かる。お店の近くの道路脇、黒い梶谷さんの車が待機しておれば取材が短くなるのを覚悟した。昼前の取材は避ける、が記者の常識。しかし、話が弾む日もある。梶谷さんは「昼にしましょう」とポンポン手を打つ。待つこともない太田さんがやってくる。店にいらっしゃる時は毎日口にしている定番メニュー。下の店から太田さんが持ってきたパンにハムをはさんだサンドイッチ。「ハムは天満屋から買ってきます」。リンゴがついている。「カルシウムは」の問いに「夜、五粒ほど。二十年以上になります。みなさんに飲めとすすめるのですが、飲んですぐ効くわけではないので」。

財界での功績は岡山商工会議所ビルの建設であろう。八階、地下一階。梶谷さんが苦労して工夫して実現した。梶谷さんが副会頭から会頭に就任したのは、昭和四十三年四月。会議所はJR岡山駅前のフジビル六階にあった。前年の三月に引っ越してきたばかり。同会議所は戦後自前の事務所を持てないで転々としていた。ピリオドを打つべく昭和四十一年の議員総会で街中の岡山県開発公社の所有地と隣接民有地を第一候補に建設構想を練っていた。岡山シンフォニーホールが建っているところ。話は進まず、なんと事務所はフジビルから天神町の旧法務局に、下石井の民間ビルと仮住まいが続く。外のざわめきを耳にしながら梶谷さんは次々に矢をはなって、ようやくにして岡山市厚生町の日産練炭岡山工場の跡地での着地となった。自らがこの地を買収、東の部分を建設地にした。「記者発表のあと君はすぐに飛んできていったなあ。会頭、辺ぴなところへ行くのですね」。梶谷さんは当時の私の反応をおぼえていた。梶谷さんに先見の明あり。会議所の西隣には岡山木村屋直営のビジネスホテルが建った。マンションも競い合うように建設されている。一等地になった。梶谷さんは昭和五十四年十月、百周年記念式を自前ビルでやった。経団連の土光敏夫さんが来て、日商の永野重雄さんも来た。梶谷さんの胸像が一階の玄関口にある。その功により昭和五十八年四月には名誉会頭第一号となった。

酒席にも呼んでいただいた。たいていが田町の料亭だった。いつも先に座って待ってくれていた。鍋料理の季節は弾んだ。偉い人は食わせるタイプが多いが、梶谷さんはともに食った。よくかんでいた。仕事同様に早呑込みせずだ。酒は強制しない。退屈はさせないようしゃべってくれる。梶谷さんもあまり飲まない。いっぱいのビールで艶の良い顔がさらに磨きかかる。時に「小僧が」「小僧が」。御自身の子息の話だ。やはり人の親だ。踊りがうまいまさ江さんを呼んでくれたのは梶谷さんだった。岡山の芸者さんと遊ぶ席に呼んでくれた人はそういない。一人は中村健さん。梶谷さんと同様に地元財界のボス。岡山経済同友会や岡山県公安委員会のトップを長々やった。オムロンの立石義雄さんも岡山立石電機視察の際に一族で遊んでくれた。梶谷さんの夜は二店目、三店目はない。店の女主人が心得て車を呼んでいる。時に「送って」と私に梶谷さん。「送ってやろう」とはいわない。方向が一緒。ご自宅は岡山県営グラウンドの南、用水沿いにあった。タクシーが着くと「失礼。（チケット）預けているから」と降りて水路に掛かる小橋をわたり、土蔵が見える家に消える。後を振り返ることはなかった。

梶谷さんが亡くなって十五年にもなる。岡山木村屋は孫の周平さんが切り盛りしている「あん切り」や「あんパン」がやはり売れ筋だが「バナナロール」が人気になってきた。東京や大阪に行く人が、この安いロー

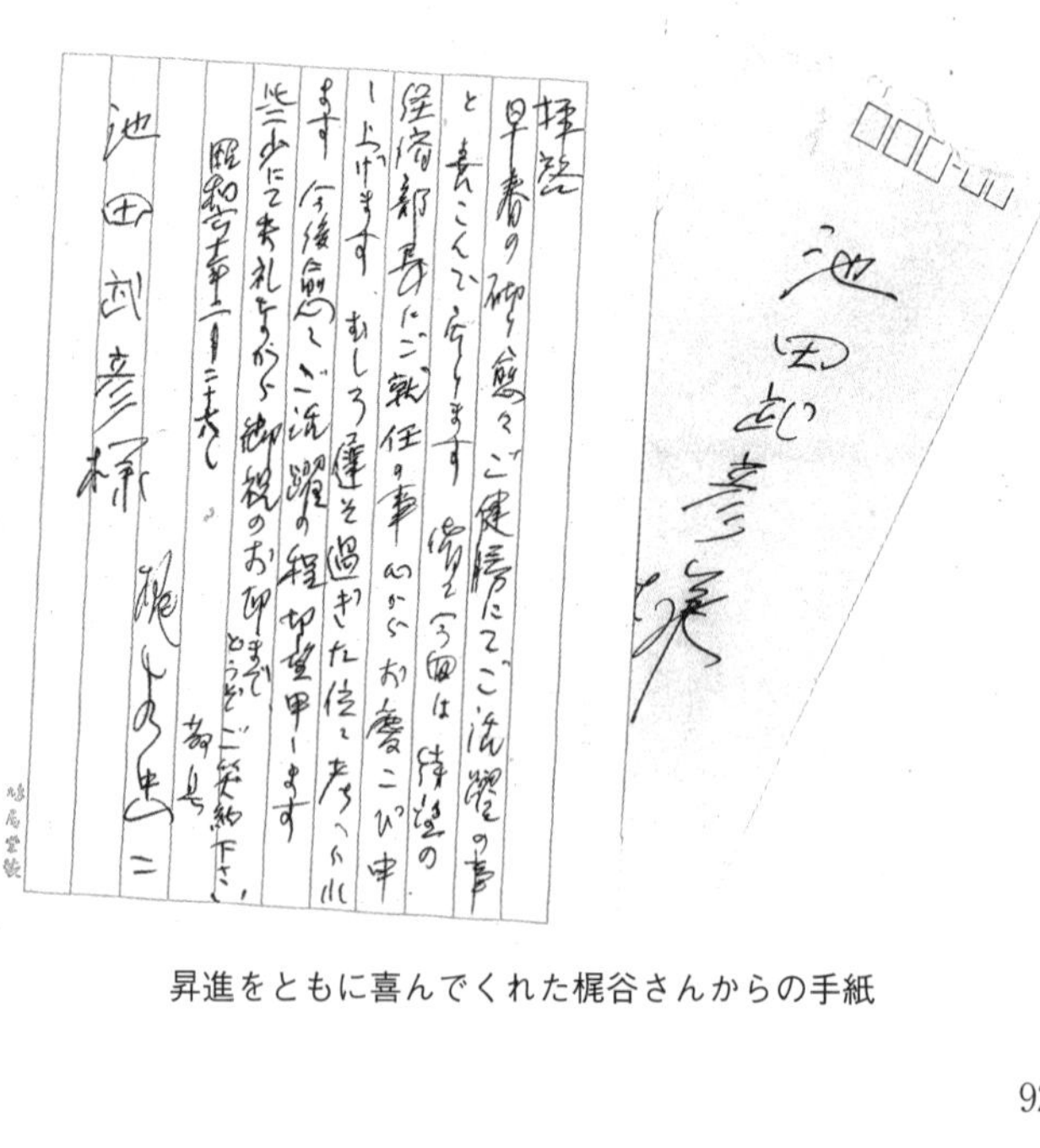

昇進をともに喜んでくれた梶谷さんからの手紙

ルパンをみやげにする。待っている人がいるそうだ。パンも売ってビジネスホテルを経営している。お弁当屋さんを子会社化し、弁当とパンを抱き合わせの店づくりも始めた。お菓子屋さんとコラボしてのパンも焼いている。数年先には梶谷さん創業地一帯の再開発が予定されている。あのお店、二階の「会頭室」がなくなる。梶谷さんが宝物にしていた守分十さんの「一以之貫」の扁額はいまはどこだろう。梶谷さんのご自宅も様変わりした。若い世代好みの館に生まれ変わっている。時の流れに抗しようもない。久しぶりに新西大寺町の店に行ってみた。あの香ばしいにおいが消えていた。店の奥で焼いていた〝現場〟がなくなっていた。あるじの居た二階は暗闇。もう明かりがつくことはない。

香ばしいパンの匂いがしていた。岡山市新西大寺の岡山木村屋。主がいた２階の明かりが消えて久しい

混沌よそれ人の世か、六高寮歌を愛唱した藤田正蔵さん

この数年、毎年のように足守公民館の自主講座にゲストスピーカーで招かれる。近水公園に近いところに公民館はある。入ってすぐ右にスタッフが詰める部屋。ここに尾道出身の画家、小林和作さんの作品が掛かっている。小林さんのどの絵も上品、見ていて肩が凝らない。公民館の絵も小品ながら上等、上等。寄贈品、贈り主は藤田正蔵氏と。なつかしい人の名が。藤田さんの父、藤田聯蔵氏は足守町長、足守銀行頭取をしていた。藤田さんは足守の人であった。

藤田正蔵さんが街中に出てきたのは、六高、同志社大と進み、父親の急死もあって二十歳前後からバス事業にかかわるようになってからだろう。西川沿い、山陽新聞社や出石小学校（いまは廃校）の近くに藤田邸はあった。塀がめぐらされていたのをおぼえている。記者として初めて長い時間をいただいたのは、昭和四十六年の初夏だった。昭和三十年代に入ってから公共交通、とりわけてバス事業は過疎化で縮小を強いられる。中鉄バスの路線は、岡山県北部に延びていたから県南エリアの同業者に比べよけいに負担がかかった。昭和四十年代、中鉄バスは軌道修正を急ぎ、労使紛争も次々起こった。採算が取れない路線の廃止、縮小、ワンマンカーの導入、営業所の統廃、従業員の整理、配置転換、路線バスと貸し切りバスの切り離しなど。難題のたびに労使はぶつかった。県地労委はたびたびあっせんに乗り出した。労使紛争は社会部が担当、取材する。しかし、バス事業の見直し、新事業の展開過程で発生するゼニ勘定の問題で私なりの疑問がわいた。藤田さんに聞いてみたい。デスクに相談、担当部にもその意向を伝えて取材に。もうその場所はマンションになってしまったが、岡山市中山下の中鉄バスセンターの一角に本社の建物はあった。二階建て、一階は切符売り場、待合所、上階が事務所、質素なものであった。午後二時前、藤田さんはうどんを食べていた。「外で待ちましょうか」。「いやいや、どうぞ」しばらく中で控えていた。一息ついて藤田さんが「池田さん、今日は何ですか」。この人とは岡山商工会議所でしばしば会っていた。私は懸案事項を並べた。そのころ中鉄バスは非常時だった。春闘交渉がこじれ、ストの最中にあった。そのストライキは百四十五日間続いた。その非常時に

インタビューのあと、六高寮歌をうたってくれた藤田さん

関連して会社側の考えを聞く取材。藤田さんは静かに「その案件ならＯに聞いてください」。私は「Ｏさんに聞きました。Ｏさんはその案件については、社長から聞いてくれでした」。なんだか禅問答のようなやりとりになった。藤田さんはまたうどんを口にしだした。私はまずいな……。ふん囲気を、部屋の空気を変えることにした。「おうどんは六高や京都でもよく食べられたのですか」。藤田さんいわく。「六高の裏門を出たところに素うどん屋があったなあ。京都ではようおぼえとらん。君だって学生のころをおぼえているか。で、下宿していたの。どこで」。私の番。「仁川です」。それに乗ってきた。「仁川か、馬を買ったか」。私「カネがないので馬券はあんまり」。時間をかけてうどん食べた藤田さんはお茶をこれまたゆっくり飲んで「カレーを食べに行こうや」「藤田さん食べたばかりでしょう」「まあまあ、行こう」。そのころバスステーションの北側にカレーがおいしいレストランが商売していた。私にカレー、藤田さんはコーヒーだ。この日私は昼二回カレーを食べた。「あの、さっきの案件はこういうことになる。いまはこういう事になっているからしゃべれん、しゃべりたくない」。私の投げた変化球を藤田さんは大きなミットで受けてくれた。取材案件はスト解決後に答えが出た。「ストが終わったらゆっくりおいで」の仲にはなれた。

　国内の労使紛争史上最長といわれたストのころ藤田さんはまだ四十代なかばだった。社長歴はすでに二十年近くになっていた。伊原木一衛さんや林原健さんと同様に父親を早くに失って学生時代からいやおうなくトップの座についていた。財界の先輩からは〝正ちゃん〟〝正ちゃん〟と愛された。しゃがれ声、浪花節がうまいのではないか。最初はこわいがそれは見てくれだけ。やさしい人柄だった。長い取材を通しての藤田像は「ややこしいことを時間を掛けてほどいていくのが得意な人なんだ」。おしゃれ、月に何度となく手を入れるのか整った髪、ふかふかの濃紺のスーツ、センスよいネクタイ。さりげない。プライベートでも隙がなかった。私は土曜日や日曜日でも職場に出ることが多かった。電話が無く、原稿に集中できるから。そんな朝、藤田さんと出くわすこと二度や三度でなく。藤田さんいつもいっぱい新聞をかかえていた。スポーツ紙がまじる。読みたいのは、競馬の記事だろう。多分。有名馬を所有する馬主でもあったから。休日の朝の藤田さんはやっぱり上等のアウトウエアで決めていてゆっくり、ゆっくり、散歩を兼ねていたのだろう。

昭和五十二年の秋だった。デスクになったのであいさつにうかがった。「そうか、池田君はどうして新聞社に入ったんだ」。「なんとなくですー。入ってよかった」。藤田さん「おもしろいか。新聞かテレビをやりたいと思っている。記者じゃなくて、会社を持ちたい。新聞はむずかしい。新聞社をつくって君のところの紙をとってしまったら怒られるし……。テレビ、テレビ」。もうそのころは、東京や広島を行ったり来たりし、ごそごそ。テレビ開局に向け、根回ししておられたのであろう。昭和五十三年八月、〝事件〟にたまげてしまった。藤田さんが仕掛けた。上座に据えればだれもが文句いえない梶谷さんを藤田さんがくどいた。岡山県が本社の民間三番目になるテレビ局をめざす。独走にならなかった。続々と開局申請、三百五十二社にもなった。岡山県知事が一本化調整に出る事態になる。てんやわんや、結論でるまでに六年掛かった。昭和五十九年七月、藤田正蔵さんを発起人代表にしたテレビせとうちの免許申請、郵政省がＯＫのサイン、その年十一月には中鉄グループが筆頭株主のテレビせとうちが設立されて一年後開局した。あれから三十五年にもなる。藤田さんは三百五十二分の一の確率のマトを射抜いた。

最初に梶谷さんに大事を告げたときに梶谷さんは「本当にできるんかな」。「地域貢献ですとひたすらお願いした。梶谷さんには公私にわたりお世話になりました。テレビは公私の私です。私の夢でしたから」。岡山市野田に社屋建設、藤田さんの居場所が大きく動いた。テレビ会社に藤田さんを訪ねる機会が減った。私の職場環境が変わり、デスクワーク中心になった。やがて東京に転勤したので。しかし、ある場所でばったり顔を合わせたことがある。経済部長になって二年目、夕刻早くに社を出て表町のビル中の食事どころで三人と情報交換した。もう一軒ということになり、同じビルの上階の店に行く。店の様子をみるために私が立った。明るいのにドアが開かない。少しの酒の勢いもあって「開けて」と呼び掛けた。しばらくしてオーナーが顔を見せた。「どうして閉めているの？」と飛び込んだ。いつもと違う、見た。ソファーに先客があった。我が社の幹部、それに藤田さん、さらに二人。「元気が良いな」と上司。藤田さんが笑いながら「ここへ」と隣を。私は「仲間がいるので」というのに「帰ってもらったら」とオーナーを使いに出す。いただいたウイスキーのおいしかったこと。藤田さんはただにやにやして「池田さんしばらくでした」。この一件は後になっての藤田さんとの席でも出てきていじられた。

テレビの新局も、藤田さんの本業のバス、タクシー事業も平成時代に入ってブレーキがかかった。テレビは累積赤字の解消に四苦八苦する。バス、タクシー事業の累積赤も増える。それでも藤田さんは開局十年の記念イベントはにぎやかにした。平成七年五月、後日放映予定で「演歌まつり」。岡山シンフォニーホールを満席にし、歌手も見事な顔触れであった。「見においで。ご夫婦で。超一等席です。空席は困ります。テレビ映ります」。当夜、私の周辺の席は「この人が演歌？」と首をひねるような正装の人、人、人。みんな藤田さんの一声でおつき合いしたのに違いない。「良かったろう」終わって藤田さん。テレビせとうちは開局十五周年でも「演歌まつり」をしている」が、会場の主役に藤田さんはいなかった。平成十一年十二月、取締役相談役に就任、苦労一筋、十五年のテレビ社長から退いた。テレビは山陽新聞社系列となり、社屋は野田から岡山市柳町に移転、野田本社は消えた。後継者の

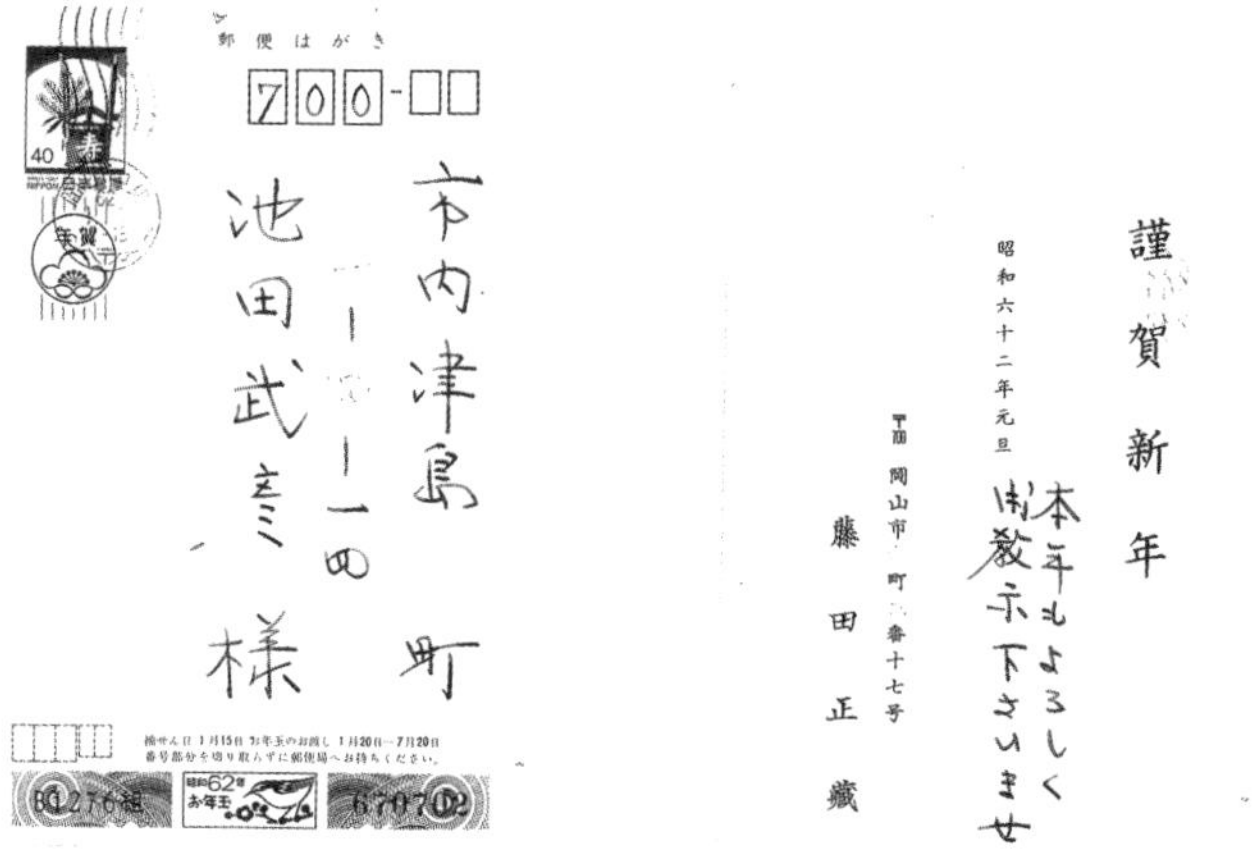

藤田さんから毎年いただく賀状は《寡黙》であった。ワンコメントあれば上々だった

力で積もってきた赤もまた消えた。バスに帰った藤田さんは、自宅地も中山下本社地も売却、本社跡のマンションに会社はテナントで入った。その過程で取材した。私はおかやま財界の編集人になっていた。テレビ局を離れて七年、八十歳近くの藤田さんにぶしつけにお聞きした。久々に私の球を正面から受けてくれた。「さくら色のバスが中山下から消えてしまいました。市民としてショックです」と切り出せば「これからしゃんとします。いまは忍苦精神です」。忍苦は六高寮歌にあったか。六高卒の安倍晋太郎さん（安倍元総理の父）も消灯後の寮で「忍苦精進」「忍苦精進」と触れ回っていたらしい。「六高の友はほとんどリタイアした。私はもうしばらく」「気がなえた時は、六高の中寮寮歌を詠います。三番が好きでね」。「うたってください」。「おう」。藤田さんは私を前に「『混濁』よ　それ人の世か　『紛乱』よそれ世の様か」と軽く声にしてくれた。藤田さんの寮歌を聞いたのは私の自慢の一つだ。ぺしゃんこになった老舗会社のオーナー、歌っている顔は〝正ちゃん〟に戻っていた。六高の寮長をしていたころの勇者に戻っていた。

がっくり。訃報に。平成二十四年五月、藤田さんは没した。八十三歳。財界では四月に辻本店の辻均一郎さんが亡くなっていた。藤田さんを失って悔いることしきり。あれもこれも、聞き漏らしてしまった。テレビ新局開設にあたって三百を超える競争相手が存在した。その頂点にどうして立つことができたのか。忍苦精進か、忍術ではないか。一筋縄では行かない長野知事をどうくどいたのか。切り込めばおもしろい裏話が聞けたと思う。まだ、まだと意欲のあった梶谷忠二岡山商工会議所会頭を「もうよろしいでしょう」と辞職の引導を渡す役を引き受けたと伝わる藤田さん。二人にどんなやりとりがあったのだろう。

最後にお会いしたのは平成二十二年の年末であった。暮れのあいさつをした。「座って」。テナントで入っているマンションの一室に社長室は設けられていた。本社事務所とは別室　社長室には直行できなかった。事務所を訪ね社長に連絡「どうぞ」でドアが開く。藤田さんはデスクでパソコンとにらめっこしていた。午後も三時過ぎだったから大引けの相場を気にしていたか。やおらソファーに身を置き「一年が早い。世の中どうなっている」。だれに遠慮もなく、一時間ばかり、世間をつつき合う。「帰ります」と立ち上がったら「正月はどうするんなら」と藤田さん。「家族で外へ出ます。旅行です」と返事をした。と、藤田さん「みやげを買って来て」。「いいですよ」。藤田さんは自席に戻り、またパソコンに向かった。

平成二十四年十月、ご家族と会社グループが入念に準備したお別れの会が岡山国際ホテルで行われた。どうだ、といわんばかりの人がお別れを惜しんだ。

ハムスターで夢をかなえた林原健さん

長く記者という仕事を通して世の中を見てきたが、いまだに合点がいかぬこともある。昭和五十五年十二月「乃木服」ブランドの学生服をつくっていた備前興業が破たん、会社更生法の適用申請をした。この会社は大正二年に創業、繊維の岡山を象徴する存在だった。経営が行き詰まった時の社長は亀山善三郎さんだった。業界通は〝亀善（かめぜん）さん〟といっていた。織物、学生服づくりなどの本業の傍ら岡山経済同友会代表幹事、岡山県信用保証協会会長の大役を引き受け、岡山財界の顔であった。亀山さんは温和、敵をつくらず、その知識をひけらかすこともなかった。二万平方メートル余の本社用地を処分し、再生を目ざすが亀山さんは表舞台から消えた。財界は備前興業、亀山さんの事態急変を座視した。ひとかどの人物を失った。

その事件から三十年後、平成二十三年二月三日林原が会社更生法の適用申請、倒産の憂き目にあう。まさかのまさか。よもやの出来事。林原生物化学研究所、林原商事、太陽殖産のグループもろともに。林原家が全部持っていた株式はすべて県外資本、化学品系商社の長瀬産業に移った。列国の同業に先駆けトレハロースやインターフェロンの量産化に成功、医療用カプセル―プルランの開発、点滴液マルトースも。林原のバイオテクノロジー研究開発は世界に知られる。東京ドームに匹敵する岡山市のど真ん中、本社用地。活用して岡山に新たな商圏と雇用を生み出すザ・ハヤシバラ・シティ構想も進めていた。父、林原一郎氏の急死によって十九歳、学生の身分で社長就任、ひたすら研究開発企業の模範となってきた林原健社長、兄を支え実務一切を引き受けていた林原靖専務、二人が創業百三十年を目前に家業から葬られた。油断とミスがあった、当事者責任を問うのは簡単。二人のつまづきをどうして支えられなかったのか。林原の社名は残った。林原兄弟で築いた独創性に富む本業は再生林原で順調に隆盛。しかし、本社用地での再開発構想はアワとなって消え、恐竜とチンパンジー研究、メセナ事業も縮小あるいは売却された。林原の魅力は半減されたと思う。地元は助け求める林原、林原兄弟を傍観してしまった。いまでもざらつく。

林原本社は跡形もない。が、脳裏にしっかり刻まれている。少年時代、ガキ大将のころの遊び場の一角に林原はあった。私の日常に林原があった。日本電気岡山工場跡地だった林原の本社地。JR岡山駅寄りの北側には、戦後もしばらく旧工場時代の高い塀がめぐらされていた。空襲を避けるために真っ黒に塗られ、その下を深い用水が流れていた。埋め立てられてしまったが、名残はいまでもある。林原は子どもには縁のないところだったが、敷地で行われた大相撲を見に行った。でかい腹をした横綱、多分照国と鏡里ではなかったか、のっぽは大内山ではなかったか。林原がカバヤ食品を設立、カバヤ文庫が人気となって、文庫本集めに林原に子どもが群がるシーンもあった。私は小さいころから林原を見てきた。

「今日はいるから会ってみる」。日ごろ取材の窓になっていた林原靖さんら役員から社長室に導かれたのは、マルトースの開発に成功した昭和四十三年だった。朗報は全国ニュースで流れた。そのころは本社東隣に直営のガソリンスタンドができ、林原の風景も変わりつつあった。昭和二十三年、ここ下石井に藤野町から移転してきた。本社屋は木造二階、階段はぎしぎし。二階の東奥に社長の部屋、隣に応接室。林原さんは写真で見ていたより以上に細身の人であった。人に会わない、ちょっと変わった人とのうわさも耳にしていた。お会いした当人は普通の人であった。整理整とんされている印象だった。私が林原の周辺には同級生がいっぱいいること、終戦直後、この地を利用していた進駐軍からチョコをもらったなど、とりとめがない話をしているうち林原さんが「おうちはこの近くで」。「そうです、出石の卒業です」林原さんは「鹿田です」。今に住んでいたこともあるらしい。中学校は同じだった。「小学校では級長をしていましたが、わるさが過ぎていつも廊下行きでした。中学でも校内にあった看護学校の宿舎の天井を蹴破ったこともあります」と調子に乗っていると林原さんは「そうですか。私も腕白でした」。鶴田浩二や小林旭の映画、歌が好きだったと聞き込んでいたので「私は春日八郎です」といえば「一本杉ですね」。ほぼ同世代、打ち解けるのは早かった。何度あっても気持ちを逆撫でするような人でなかった。時に珍妙な不思議な話も出たし、ため息が出てくるようなおいしい話もしてくれた。しかし、態（わざ）とらしさはなかった。自然体が身についていた。林原さんのおかげでしばしば未知の世界にひたることができた。

東京から帰った昭和五十七年の初夏。再び経済畑で仕事することになった。で、林原の広報担当と会った。数日して「社長からの伝言です」。林原は京都、ＪＲ京都駅前にホテルを開業していた。「泊まって感想を聞かせてほしいそうです」。林原さんご兄弟の慰労であった。ご好意に甘えた。大昔の話であるのに今以て「あの時のナイフとフォークの数は多かった」と家族でなつかしむ。前年開業したホテル、カトラリーばかりでなく、すべてがピカピカだった。ホテルのトップ、料理長まで紹介された。帰って御礼にうかがった。午後、すでに社には姿がなく、伝言で〝礼讃〟した。対応の役員が「ホテルには（社長）乗り気でなかった。やるからには京都一にするといっています。ソフト、サービスの徹底を厳しく、厳しくいいます。池田さんに行ってもらってよかった。助言あればお願いします」。

林原さんはたやすくつかまる人ではなかった。昼前に出社して午後三時、お茶の時間のころは退社する。社外で人に会うか、研究所に寄っているか、帰宅しても昼寝するような人ではなかったらしい。ひたすら本を読んでいる。空手もした。岡山では「風の人」、転勤族の間で中銀の守分十さんと、林原健さんに会って話ができた人は一流と言われていた。二流になりたくないと、幾度となくあっせんを依頼されたがすべてことわった。成功率ゼロがわかっていたから。

林原さんは私が苦手なものが好きだった。ハムスター。中学時代にハツカネズミを飼っていたらしい林原さん。商売のため、インターフェロン開発、研究のため、数万匹のハムスターとにらめっこしていた。私は家の天井にネズミが住みつき、かけ回る恐怖感を何度も味わってきた。そんなネズミの仲間を追い回す林原さん。エサの話、尿の話、オス、メス生殖の話、こまごまと。この話中学生や高校生に披露してやると興味津々だろうなと思った。林原健さんはハムスターの大規模な飼育によって独自のインターフェロンの量産化の夢をかなえた。昭和六十三年に吉備製薬工場、平成十二年には藤崎研究所と、二回天皇家が訪れている。この調子でやれたのであろうか。平成の天皇、皇后両陛下のご訪問では「時間がなくて……」と林原さんがつぶやいたとひとづてに聞いた。林原さんは身体に良いと、尿を飲むとも聞いていた。「朝一がおいしいとか」とちゃかす。「尿を飲んでいる人は結構いらっしゃいます」。尿の話の続きは運の話。林原さんとは数字の話はほとんどしなかった。もうかるとか、もうからないとか。これは五歳違う靖さんらの仕事と安どしていたからだろう。「林原も運に恵まれたこともあります。私はこの運のメカニズムを知りたい。

謹んで新春のお慶びを申し上げます

平成四年　元旦

〒700 岡山市下石井一―二―三
林原グループ
代表取締役　林原　健
太陽殖産株式会社
取締役　近藤　迪孝

猿猴図　森寛斎筆
林原美術館蔵

林原グループからいただいた平成４年の賀状。林原美術館所蔵の森寛斎「猿候図」の絵。この年のメセナで五嶋みどりさんにバイオリン貸与人間の知識や知恵を超えたものに興味があります」。常ならぬもののことを語りはじめたら林原さんは思想家、哲学している人のような顔になる。肥田春充さんや大村惠昭さんらの名がでてくると俗人ではついていけない。

遅出、早退、役員会には出席せず、研究とメセナに集中した。そのためのカネはワンマン、自由に使っていた。林原健さんの絶頂期は、林原さん五十歳半ばから。岡山駅前所有地の再開発「ザ・ハヤシバラ・シティ」構想の発表、玉野市出崎に「類人猿研究センター」をつくり、一万平方メートルの施設に五頭のチンパンジーを飼った。「林原健の辣腕（らつわん）」といわれるようになった。露出するのが嫌いだったはずの林原さんが引っ張りだこになり、応じた。平成二十年一月七日付の新聞に一面カラー広告。その紙面に登場、対談する林原さんのポーズ写真。「研究開発、新しい価値を創りだすことを本質に」。四月二十一日には、NHK教育テレビの「知るを楽しむ」で経営哲学を語った。「醗酵屋の大発明」のタイトルがついた。同族経営、非上場の理（ことわり）を説いた。よいことは続き、日経の人気コーナー「交遊抄」で北尾吉孝さんが「岡山の先生」とおだてあげた。テレビ東京の「カンブリア宮殿」にも出た。

上手の手から水が漏れる。平成二十二年も終わろうとするころ林原は取引銀行から呼び出しを受けた。「経理処理について聞きたい」。破たんの道は避けられなかったのか。ADRならず一直線に会社転覆に至る。一介の水あめづくりの会社をトレハロースやインターフェロンを量産化する世界のハヤシバラにした林原健さんと林原靖さんは、平成二十三年二月経営責任をとって辞任した。健社長六十九歳、靖専務六十四歳をお

（第3種郵便物認可）

噂の花

引っ張りだこの林原氏

トレハロースが看板の林原とそのグループの大躍進の前兆であろうか。年始から各社を束ねる林原健社長＝**写真**＝があちらこちらで引っ張りだこになって"露出"が目に付く。7日の山陽新聞朝刊、広告特集と前置きはあって、越宗新聞社社長と林原さんのトップ対談。まるまる一面使ってカラーで見事。もちろん社長のいつもの穏やかなポーズ写真入り。中で事業のこと、岡山のこと、たおやかに語り、今後も「研究開発、新しい価値を創りだすことを本質に」にと。さらに21日にはＮＨＫ教育テレビ夜の「知るを楽しむ」25分番組に社長先頭に登場の予定。「醗酵屋の大発明」のタイトル。ジャーナリストの野村進さんが取り上げる「長寿企業は日本にあり」シリーズの一社として。林原とは数年前より交流ありの人物らしい。この番組製作に昨年12月にも来岡、社長らと懇談、取材した。放映を前に早々と内容紹介のテキストが書店に並んでおり、林原さんはテキストを読む限り番組でも「同族経営、非上場」の論理などたっぷり披露する。さらに今度は8日の日経交遊抄で大手持ち株会社ＳＢＩホールディングスの北尾吉孝社長が「岡山の先生」でもろ持ち上げている。

林原健さんの動静を伝える雑誌コラム

そった悲劇。林原グループすべての役職を離れた。研究に打ち込む社長を支え、太陽殖産社長もし、本社専務として生産、営業、関連会社管理を抱え込んできた林原靖さん。新生林原スタートを見届けた平成二十五年七月「破綻ーバイオ企業、林原の真実」を書き、出版した。健社長との二人三脚のがんばり、そして兄弟の確執、破たんまでの行程、林原の光と影をきわめて冷静に執筆した。林原は破たんしなくてもよかったと思い、弁済率九三パーセントの倒産会社の真実を知ろうとする人で「破綻」は版を重ねる。

　林原健さんは理不尽の崩壊なるもそれをうんぬんしても意味がないと悟っていたようだ。大会社の厚い壁に囲まれ遠い存在だった林原さんが身ぐるみはがされ、個になったのをサポートする人もあった。平成二十九年十月、東京／虎ノ門の共同通信会館に林原ＬＳＩが設立された。浜田卓二郎・浜田マキ子両氏が出資した。林原さんの理念を世に伝えるための著作を出版、永年の研究の蓄積と異能の発露となる健康食品の製造、販売。林原健さんの上質サプリを世に贈ると。林原さんの第二の行く道かと思われた。惜しいかな、林原健さんは令和二年十月、急逝した。九州の地で。新聞報道に胸を突かれた人は多い。会社の破たん後林原さんは二度心臓の不調で倒れたらしい。「ダライラマを訪ねて　夫婦でダラム・サラに行ってね、家族ぐるみのつき合いをしていた五嶋みどりさんにストラディバリウス・スーパーマンのバイオリンを終身貸与してね、請求書が来てその金額にびっくりした」と書いたり、言ったりしていた林原健さん。余人では聞けなかった。この超人にはいましばらく元気でいてほしかった。

私の愛蔵書に加わった『破綻』

〝たにまち〟だった上原進さん

「鳶職（とびしょく）の親方です。豪気、一本道の人です」。電力会社の出先の知人が紹介してくれた。とび職はそういらっしゃるものではない。飛びついて電話をした。本人が出て来て、電力会社の人の名を告げると「待っています」。「会社はどの辺ですか」の問いに「吉備津神社の隣です」。平成十四年に入っていた。（株）千田組の上原進さんという傑物との出会いである。

岡山市吉備津の本社を訪ねた。大きな看板ですぐにたどれた。建築工事、土木工事業にしては玄関先は静か、きれいにしている。作業車は現場にいるのだ。社内も静か、車と一緒に社員の主力は現場。一見（いちけん）では何屋さんか分かるまい。二階にオーナーがと案内の女性。ノックして入れば広くて明るい部屋。しかし、にぎやかなこと。おもちゃ箱をひっくりかえしたように〝飾り物〟がいっぱい。どれとて捨てられない、何か、この部屋の主人と関わりがあるのだろう。上原さんは顎ひげの人、気色が良い。「電力会社にはよく取材で……」と上原さん。「しょっちゅう伺っています」。「うちには電力会社のOBの人がいます。電気工事の仕事をいっぱいいただいていて、OBにずいぶん助けられています。もともとは吉備津神社の屋根のふき替え工事の足場をつくったりしたとびの家です。戦後昭和二十年代後半からです。で、電力会社のMをご存知で」。「はい、同級生です」と私。「それ、私も同級生」。私と上原さん、学年が一緒だった。それからYさん、Nさんと名が出た。彼らは中学校の同級生、私にとって。上原さんはYやN、Mらと高校が一緒だった。「同級生にしては貫禄に差があるな」が初印象。「送電線の鉄塔工事は、この地域では独占です」と上原さん。〝芸〟を持っているのだ。その時はうなずくだけでピンとこなかったが、それから三、四年後に島根の原子力発電所の取材に出掛け、同県内の付帯工事現場を見せてもらったが、その一カ所に千田組の車があった。ヘルメット姿の社員が地中深く掘り、豪音がしていた。さてその日は気になってはいたが、飾り棚の品々について聞きはしなかった。じっくり聞けばその日は夕刻まで帰れそうにないと思った。二時間いたが、失礼しますと立つ。と「送ってあげよう。ライオンズクラブの事務局へ行くから」。気働きをこの人からも学んだ。車中では私の会社までしゃべりあった。遠慮がない。上原さんは、「またこちらから連絡します」。六十歳過ぎて新しい知人ができた。

何度会ってもこの人、上原さんは疲れを見せたことがなかった。「人に見せないだけ。節節病んでいます」。ながらじっとできないらしい。本業は「もう子どもがやっています」。で、ライオンズクラブのメンバーであり、商工会の役員を引き受けた。一時は岡山県商工会連合会のトップになるのではのうわさも立った。それを確かめれば「けんかは嫌いではない。がちんこ勝負ではお互いに後味が悪い」とわきまえる。大人。平成十七年六月、上原さんは創業五十五年の記念祝賀会を市内のホテルでした。それはまた自分が退き。上原正樹さんの社長就任披露式でもあった。会場に入ってめまいがしそうになった。客を迎える円卓が二十九も用意されていていた。「松」「竹」「梅」から始まり「富」「末広」「高砂」「錦」と縁起の良い卓が並ぶ。「宝」に名前があって座った。上原さんは新社長、会社幹部と「禄」のテーブル。じっと腕を組み、会場の整い具合を見ている。国会議員、首長、ライオンズクラブのメンバー、各商工会役員らが姿を見せても会釈にとどめる。おずおずと入ってきたわれら同級生数人には「やあ」と愛想がよい。「喜」の卓の人は金融機関の役員が招かれていた。一人場違いの名があった。だれでもテレビで知っている北の富士勝昭さんだった。元横綱北の富士。

大相撲、栃東のたにまち（谷町）だった上原さん。関取の右側で泰然

早々と相撲部屋経営から足を洗っていた。招待客は「どうしてここに横綱が」と思っただろう。

建築業のレールが盤石になったと考えた上原さんは、六十五歳にして後進に社業を託した。やること、やりたいことがまだまだ他にあった。道楽の人でもあった。上原さんは谷町、たにまちであった。力士の後援者だった。北の富士さんともそうした縁であった。栃東をひいきにしていた。栃東の父親も同じ栃東のしこなで関脇までしている。親子二代の栃東はすもう巧者だった。平成十八年二月、上原さんは「栃東岡山後援会」の名で岡山市内のホテルで大関栃東の優勝祝賀会をした。栃東関は相撲の世界では小柄だった。が、近づけば大きい。のど首の太いこと。宴席では一等席、大関の前に座らせてくれた。からだを張った仕事をする人の息づかいは、生ちょろいわれと違う。びん付け油の良い香り。「大関にいい嫁さんを世話したい」と上原さん。「そうだろう」に栃東は笑っているだけ。その時もう言い交わした人がいたかも知れない。祝賀会ではグループ毎に栃東を囲んで記念撮影した。上原さんから出席者へのおみやげ。上原さんはこの日着物姿。のちにもらった写真の上原さん、腹の出っ張りは大関に勝る、足、股のひろげようはそっくり。私のグループの写真には永山昭彦さんや加藤紀文さんらなつかしい人が一緒にほおをゆるめている。北の富士には他日の席で会わせてくれた。NHKテレビの相撲の名解説者、もうタレント。着物も良いが、スーツ姿で来てよくしゃべった。ちゃんこ鍋のイメージのお相撲さんだが、栃東も北の富士もあまり料理に手を出さなかった。上原さんが次の席を用意していたのか。北の富士に「蔵前の国技館で黄金のまわしをつけた輪島を見ました」といえば「強い横綱でした」と首を振った。上原さんの道楽のお話は尽きない。阪神タイガースは親子でか。

上原さんは本業、そうした自分の好きな趣味や奉仕で満足したのか、あっさり逝った。平成三十年猛暑の日の七月没、七十八歳だった。千田組は令和三年創業七十年になった。上原正樹社長は父親そっくりの風ぼうだが、ひげはない。鉄塔建設に傾注している。先代上原さんからずっといただいてきた相撲番付、いまだ場所ごとに届く。玉ノ井親方になった栃東経由である。

追記　出て来た吉田憲治さんの写真集

探して探してやっと出て来た。ダンボール箱の中に大切にしまっていた。吉田憲治さんの写真集「僕たちの道中齣―この地球に生きて」。この雑誌「岡山人じゃが２０１８」に書いた「記者歴五十年―思い出す人たちその出会いと別れ」（二）。トマト銀行の名付け親、吉田憲治さんを取り上げ、平成二十六年六月にもらった写真集に触れた。その写真集をカメラで撮り掲載しようとした。だが原稿を書いている部屋のどこを探しても見つからなかった。執念深く再び家の内外を点検していたところ春先にひょこっと見つけた写真。吉田さんが五年も掛けて編集した。国内はおろか世界を凡子（ちかこ）夫人と飛び回って撮った写真の中からピックアップ、手間取った。どの写真も迫力がある。吉田さんは全国カレンダー展でも数回入選、うまいものだ。部厚い写真集の巻末に「詩情と祈りが存在すると思ってくだされば」と記す。かつて私がいただいた「大賀ハス」もこの写真集で見つけた。そうしてご夫妻連名での手紙が同封してあった。「いろいろありがとうございました。」と吉田さんのペン書き。

吉田さんの思い出の話では、トマト銀行退職後の平成十一年六月、岡山市内の料理屋さんで昼、長話したと書いた。料理にはほとんど箸をつけずにしゃべった。トマト銀行への執着がうかがえた。お別れして二日後に絵はがきをいただいた。「勝手なことをお話しさせていただき、本当に楽しいひとときを過ごさせていただき……」。写真集をいただいて間もなくに吉田さんは病死した。あの席の、仕事語

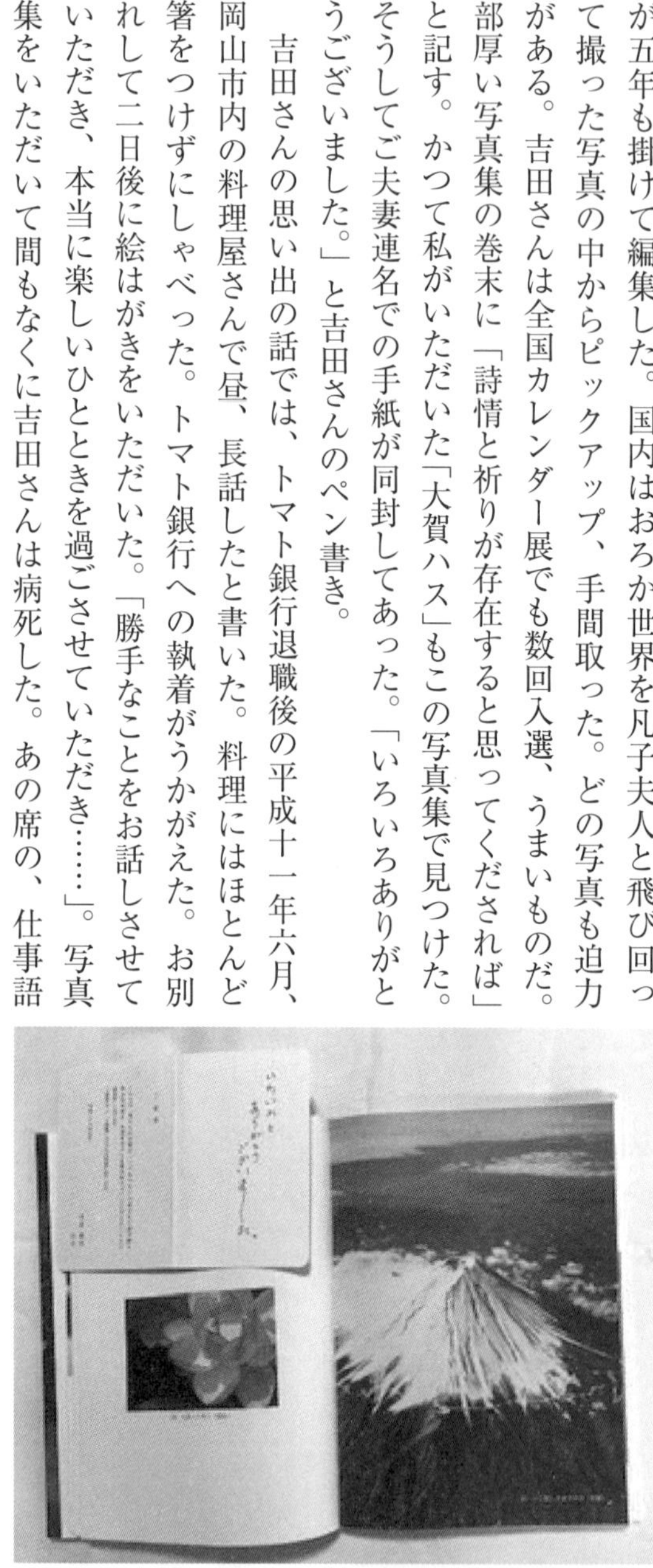

吉田憲治さんの写真集

る吉田さんの死は信じられなかった。同年九月のお別れの会、みんな写真集を手に取って亡き人をしのんだ。

嘉平太さんにいただいた原稿もあった

吉田憲治さんと同じの「思い出す人たち　その出会いと別れ」(二一)で書いた岡崎嘉平太さん。創刊百十年を迎えた山陽新聞の特集に各界八人の祝詞を掲載した。正月原稿なので昭和六十三年十二月早々に全日本空輸の特別室に岡崎さんを訪ねた。天気が良いので銀座の支社から歩いて行った。原稿依頼に「書きましょう」とありがたい返事をいただいたものの原稿は届かない。秘書にやんわりと催促し、暮れの二十四日に速達で届いた。岡崎さんがペンで書いた生原稿。㈶日中経済協会の原稿用紙（二百字詰め）。三枚とちょっとの原稿だった。ほぼ約束通り。ところどころ修正インクで消え、記憶あいまいなところには○○○○と空けてある。本社から手を入れて最終原稿を送れとの指示。原稿を削り、空白部分を補った。岡崎さんの原稿をデスクした。これまた大事に保管していたのにどこへか分からなくなっていた。吉田さんの写真集と〝同居〟していた。やれやれ、この手紙〈原稿〉をいただいた数ヵ月後、岡崎さんが逝く。いまあらためて岡崎さんの原稿を拝見している。筆圧からとてもそんな脆（もろ）い人とは思われないのだが。

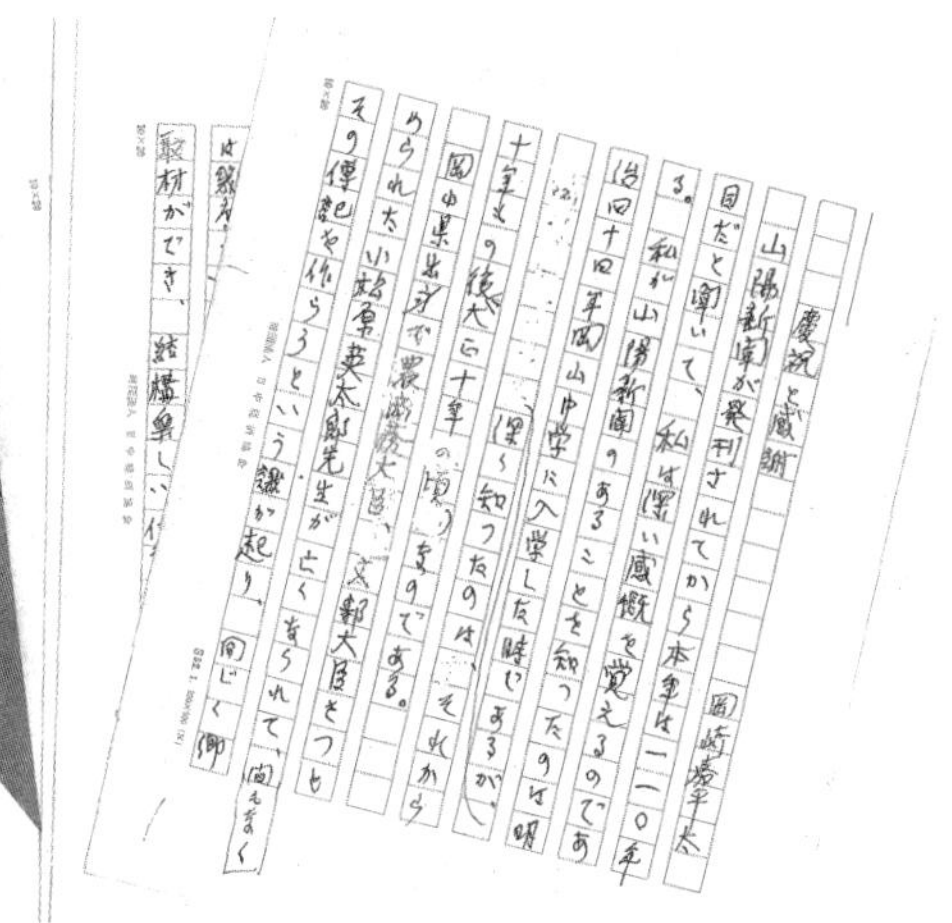

慶祝と感謝
岡崎嘉平太

速達で届いた岡崎嘉平太氏からの原稿

新型コロナ禍元年日記

不自由の極み・我慢を試される

池田武彦

日々の生活がままならぬようになって一年半余にもなる。眼前に展開される非常時にわが行動は、日に日に狭くなっている。今、世界は新型コロナ禍にもがいている。

お金のないのもつらいが、自分で決めて動ける自由を奪われるのはさらに辛い。岡山の新型コロナ感染者は二〇二一年九月にはすでに一万四千人を超え、歯止めがきかない。高を括っていたが、未曽有の事態に不安が募る。新型コロナ禍元年、令和二年（二〇二〇年）をどのように行動したのか。手元のノート日記から回顧してみる。不自由を極め、我慢を試された一年であった。それをかいくぐってのしたたかさも。

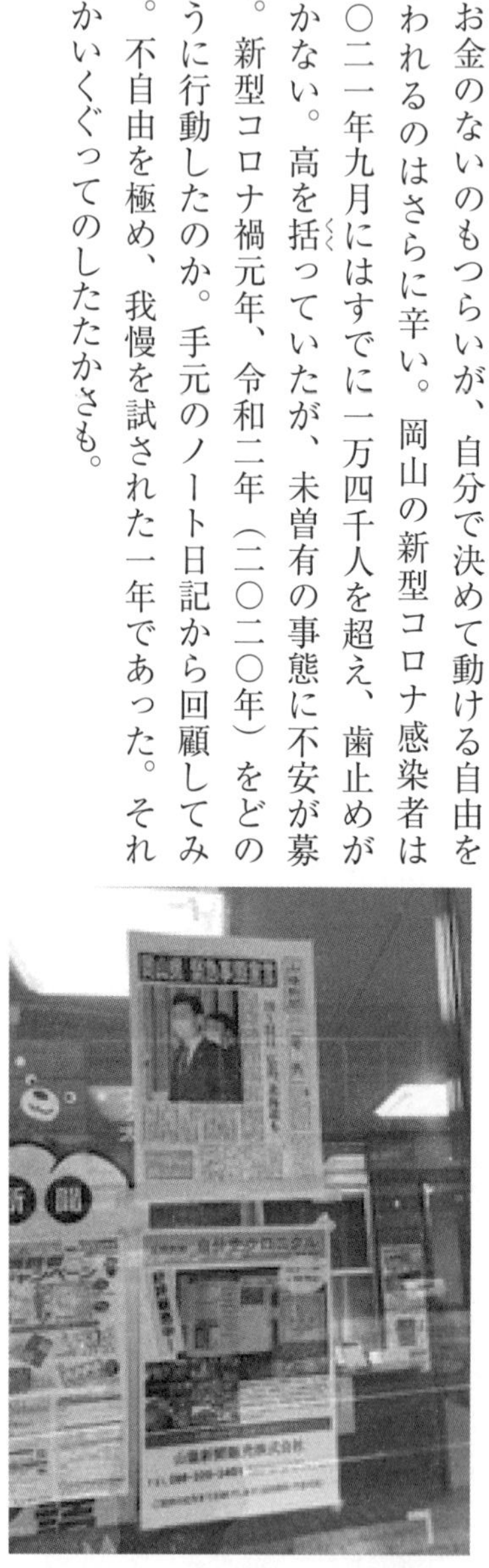

新型コロナは今なお衰えず、政府は令和三年五月、岡山県を緊急事態対象に。号外を張り出す山陽新聞販売会社店頭

二〇二〇年（令和二年）

【一月】一日（元日）好天。気持ち良い。朝六時過ぎに起きて、すぐに新聞を取りに行く。山陽新聞。例年のごとくに目いっぱいつくっている。本紙に、二部、三部、四部の別刷り。八十八ページ。本紙トップは五輪イヤー年開け。それにゴーン逃亡記事。この日山陽新聞は、四九〇六九号。新型コロナウイルスは、前年末に中国で出現したのであるが、気配なし。併読の中央紙も同様。メモには「正岡子規と仲間たち」と。岡山県立博物館でこの日から始まったイベント。二月九日まで。行きたいのであろう。午後から家族で外出。二日、好天。家の者は外へ。三日、テレビを見ている。フットボール。家族は外出。五日。日曜日。家族をさそって正岡子規と仲間たち展。ゆっくり、たっぷりと拝見。子規は明治二十四年、後楽園に来て一句つくっている。子規は買った絵葉書に「はっきりと垣根に近しあきの山」。帰りにメガネのチェーン店に寄り耳の調子をうかがう。六日、曇天。小中学生学校始まる。日常戻る。八日、病院。早くも病院通い。強風。ＭＲＩ（磁気共鳴画像装置）の日。二時間半、高知から風の被害。イランミサイル。九日、ペン仲間の例会。終わって県立記録資料館、コピー二枚。東証一時六百円安。十日、ＦＭラジオ局モモへ。ラジオの前に天満屋の院展に三十分。十二日、日曜日、岡山市成人式。曇天。「驚愕の超写実展」を見ようと元気出す。瀬戸内市立美術館に行く。ホキ美術館（千葉市）とＭＥＡＭ（ヨーロッパ近代美術館、スペイン）所蔵品。森本草介さんの「未来」にしばし足が止まる。もらったパンフレットに〝画家（ひと）は機械（カメラ）を超越する〟と。帰宅したら午後六時前だった。十五日、岡山県立図書館。十六日、木曜日。午前中県立図書館。シネクレで韓国映画「パラサイト」をみる。三十年ほど前にみたベトナム出身のトラン・アン・エンの「青きパパイヤの香り」以来のざわめきがした。えげつないほどの演技力。厚生労働省が初の感染者（新型コロナ）の確認。十八日、土曜日。夜、郊外の湯につかりに出る。さっぱり。二十一日、かかりつけの医院でいつもの薬をもらう。午後県立図書館。旧年中に頼んでいた珍本が倉敷市立図書館から届いたとの連絡があったので。二十二日、朝から強い風。朝刊に宍戸錠さん。小橋留男さんの死去報。二十三日、曇天。自転車でデパート、コーヒー飲む。ＦＭラジオモモの番組審議会。山陽新聞社の上階。終わって県立記録資料館。明治三十三年十一月の山陽新報のコピーをお願いする。二十八日、足守公民館で話す。一時間半。散髪。政府コロナで帰国機派遣。二十九日、晴、風は強い。午後。ちゃりんこで県立図書館。気になっていたこと、資料で確かめた後、早くに出る。その後に自転車で古京、三勲小などめぐり、歩きもして三友寺。この寺の内外。同人誌原稿の資料集め。

【二月】三日、朝十時の約束で高松公民館九十分。家人に送迎してもらったが疲れた。弁当もらって帰って食べる。梓みちよさんの死亡記事あり。「こんにちは赤ちゃん」と歌った。「令和まで続く昭和の子守唄」と上手につくった人がいる。米大統領選アイオワからスタート。五日、大型のクルーズ船ダイヤモンド・プリンセスで十人感染確認、こちらまだひとごと。六日、県北雪、上長田四十六センチ。カークダグラス死。八日。午前は南区中畦の興除公民館に。「知ってるつもりの時事問題」で話す。午後県立博物館、十三時半から二時間、松山市立子規記念博物館の武田館長の「子規の最期」の熱弁を。満席、連れと別席。まだ密、密。十日、病院、外科。もう二十年以上もの医師とのおつき合い、隔月診てもらっている。十一、十二日の両日、大阪、家人と。あちらの縁者との交流。見舞い。十一日午後二時着、夕刻大阪市内で泊。この年唯一の県外泊。十二日、天王寺茶臼山かいわい、慶沢園、開園百年の天王寺動物園などめぐる。動物園は何時間いてもいい。自分をみているようであきない。帰路雨。新聞社から社報が届いていた。十三日、神奈川でコロナ初死者。ペン例会、イオンに回り、大阪で頼まれていた本を二冊購入する。十五日、縁者のマンション訪ねる。大好きな干し芋をいただいた。十六日、日曜日、十五時開演の四台のピアノ演奏で岡山シンフォニーホールに。雨まじり。よく入っていた。珍しい試みであるからだろう。二十二日、咲きそろう鉢植えのクリスマスローズを眺める。二十三日、サッカーJ2ファジ開幕戦。金沢に一―〇で勝利。二十四日、縁者の親子来る。にぎやか。玄関のラン見頃。小さき子に見せてやる。二十五日、足守公民館、いつもの人たち、話がしやすい。二十六日、政府イベントの自粛を呼びかける。二十八日、歯科。知人より再就職の吉報。二十九日、月末、小雨。家族の助けでパソコン使って確定申告。やれやれ。

【三月】一日、暖かい。朝十時過ぎのスタートで建部のセツブンソウを楽しむ。みなさん、人恋しなのだろう、この穴場に結構な見物。欲張って津山市の梅の里。梅祭をしているようだが、出店はない。山の斜面のノボリがいまひとつ元気ない。後楽園の諸々のイベントは中止になっている。小、中、高一斉休校。三日、晴れ。朝刊に村山美知子朝日新聞社主の没報。九十九歳。風やわらかい。造山古墳の付近にフキノトウをさがす。目が慣れてきてまずまずの収穫。古墳はすっかり整備されていて、雑木は見事に姿を消し、小道も歩きやすい。四日、ウィズセンターから会議中止の連絡。五日、歯科、虫歯。新聞に岡山のアパレルメーカーのオーナーがセクハラとある。ユニクロをしのぐといっていた人。六日、ツバキにメジロが来ている。八日、日曜日、玉野の深山公園に。道の駅で焼いたアナゴを買う。帰路カワズザクラを見る。大きくなった。大相撲春場所初日。客入れず。懸賞がない。九日、株暴落。十日、曇天。昼前に外出。ガラ携にさようならするため。買い替え。株暴落。十一日、WHOが新型コロナのパンデミック認定。手元の角川書店刊の「必携国語辞典」にはパンデミックの項目なし。十二日、ペン例会。いつもの仲間七人。来月の中止を決めた。家のサクランボウの花満開。十三日、FMラジオで久々の人、二人に会う。番組を持ったらしい。十七日、小学校卒業式。夕方、内科医へ。薬がなくなった。帰ると縁者が来ていた。山陰の串だんごをくれた。温泉のみやげ。十八日、会議中止、本をめくっている。二十一日、菜の花が見頃かと国分寺の五重塔まで。少なくなっていた。下庄辺りのモモが咲き出していた。楯築（たてつき）遺跡に寄る。築丘から眺めている風景はおだやかなんだが。京都円山公園のサクラ咲きはじめ。行けない。二十二日、朝六時、フトンから出る。曇り空。雨降りそう。買ったスマホに〝はかま〟をつける。カバー。二十三日、テレビ報、岡山市内の六十代女性のコロナ感染、岡山初確認。国内初確認から六十七日後である。観光で行ったスペインで感染したらしいと伝える。二十四日、東京五輪八月九日開会式延期決定。車で短時間、知人宅、長居は相手迷惑。二十六日、FMラジオの番組審議会。二十七日、デパートの小倉遊亀展をかけ足で。名画も落ち着いて見られない。そこからラジオ局。びっくりいつもの相棒が欠。風邪？　代役で予定通り。二十八日、朝知人と携帯で長話。しばらく顔を合わせていない。お互いに大丈夫と。電話のあと神道山、黒住教周

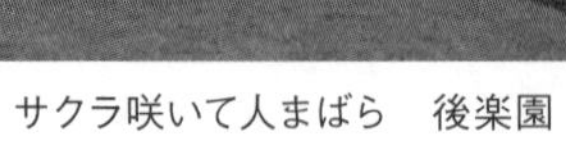

サクラ咲いて人まばら　後楽園

辺のサクラを見て吉備津神社の駐車場に。ここもサクラ目当て。二十九日、またサクラを見に出る。金川の河川敷、人まばら。それからカタクリの花のあるところへ。今春もひっそりと咲く。さらに岡山空港の横を通り、県道沿いで毎年のツクシとワラビ採り。だれも採らないから大収穫。外はいい。途中草モチを買った。草花としゃべくる。三十日、旧知の人から岡山の職場に復帰したとの葉書。興除公民館から次のおしゃべりの日程調整の連絡。三十一日、曇天。誰も家にいない。一人で桜モチを食っている。二十九日に志村けんさんがコロナで死去しているが、私のメモ帳には記入なし。

【四月】二日、天満屋臨時休業。マスクが無いに政府、マスク配布確認。三日、自転車でラジオ局に行くが、途中気持ち不安。四日、サクラ最後の後楽園内を散歩。貸し切りのごとくに人まばら。六日、病院、外科。定期。帰れば残念な知らせ。楽しみにしていた大阪中之島のフェスティバルホールでの四オケ四大ベートベンシンフォニー公演延期の知らせ。八日から払い戻し。早くに一等席を買っていたのに。七日。東京、大阪など七都府県に緊急事態宣言。夕刻、十七時四十分のこと。小、中学校始業式。十日、ラジオ仕事。表町の丸善にちょこっと立ち寄る。巣ごもりで葉書、封筒出すこと多し。切手、封筒、絵葉書買う。商店街の店でマスクをさがすが「ありません」「入荷待ち」の張り紙がそっけない。十一日、大林宣彦さんの死去報。八十二歳。「尾道の坂にそぼ降る涙雨」。どなたの作、惜別のうた。大林さんには東京時代、仕事で一度会っていた。医師の父親は六高卒だといっていた。十二、十三、十四、十五日、座って同人誌の原稿を書いている。目が不自由。山田耕筰について

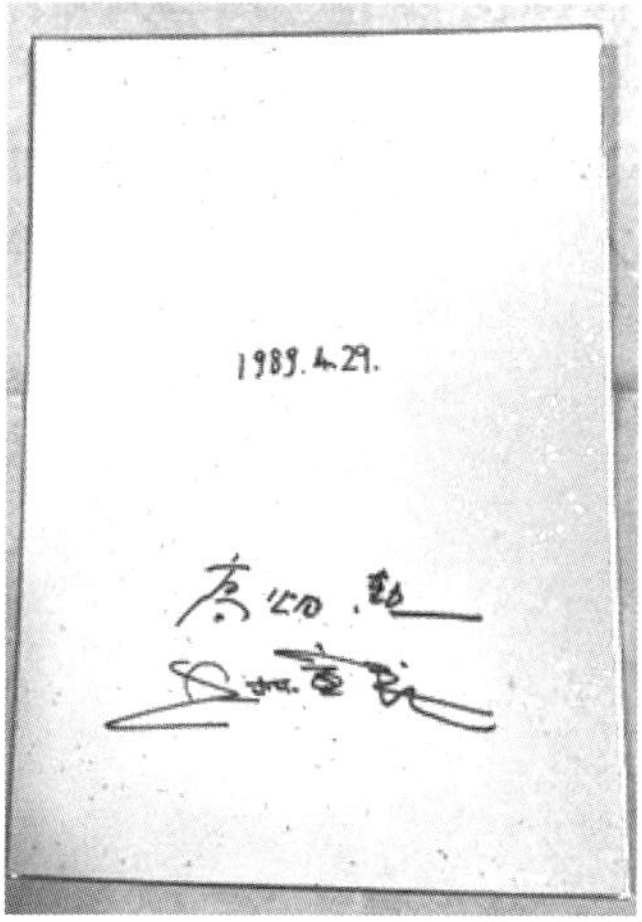

大林宣彦さんと高畑勲さんが初対面の日にいただいた色紙

の原稿。座ぶとんを動かして掃除機をかけて気分転換する。十六日、昨日に続いて快晴。全国紙に沖縄タイムスの由井晶子さんの訃報。東京勤務時代、共同通信社でよく会っていた。全国にコロナ緊急事態宣言すると発表。国。不要不急の外出自粛、これから何度「不要不急」を目に、耳にすることか。夜、NHKFM、小糸恵さんのオルガンでバッハ。心静まる。十七日。政府布マスク配布開始、五千万世帯、一世帯二枚ずつ、四百六十六億円の予算、せっかくの配慮だが、遅い。十九日、皆川達夫さん没、九十二歳。老衰。NHK「音楽の泉」の人。二十日、県立学校二度目の一斉休校。二十二日、株価一万九千円まで下降。オムロンの元社長、立石義雄さんがコロナに倒れる。八十歳。岡山立石電機で何度となくお目に掛かった。ジャッキー吉川さんも亡くなった。ブルーシャトー。二十四日、にわか雨の日。岡江久美子さんコロナ死。山陽新聞の夕刊に池田動物園、シネマクレール閉じるの記事。二十五日、例年のごとく、Mさんからタケノコ届く。旬の味、午後から宇甘の国有林、ヒノキ林を歩く。空気がきれい。誰もいない。歩き回ってやる。そのまま吉備中央町のガリレオ天文台周辺を散策する。人かげなし。さわやか。馬の散歩を見る。闊歩している。かつての競馬の馬だろう。二十六日、玄関のボタンが見事、元気。二十九日（昭和の日）初夏らしい空。お茶を買いにドライブ、赤磐。このごろ曜日の感覚がない。三十日、ボタンの花散る。大きい花なので跡は無残なり。サクランボウ（桜の坊）にスズメよけの袋かけ。家人が。

【五月】一日、散髪。せいせいする。精々する。二日、暑い。サクランボウ食べてみる。午後、北区高松城跡の沼のアヤメを見に行く。すべってはまらぬよう少しずつ木橋を。近くのまんじゅう屋さんのカシワモチをまとめて買う。すぐ帰ってはさびしい。吉備津神社のボタンを拝見する。ここには「自粛警察」は居そうにないので歩き回る。三日、雨。憲法記念日。原稿用紙を手にしているが、進まない。四日、テッセンが一輪咲いている。サクランボウ採る。五日、こどもの日。朝食をすませて吉備の森、吉田牧場と、人が行かないはずのところへ向かう。山の上でサンドイッチを食べる。吉田牧場は静か。おいしいチーズ売り場は閉じていた。休日か。午後五時、室温は二十四度。六日、サクランボウを採ってしまう。家人、夜になってウォーキングを始めるという。運動不足をカバーすると。七日、サクランボウをジャムにしている。ながめている。八日、ラジオの日。金曜日、局に向かう途中、小糸さんのCDを買う。目がかすむので新聞広告で見て注文したサプリメントが届く。十日、脱稿。十一日、内科医。病院もこわい。怖い。待合にあった雑誌類すべて撤去していた。

十二日、台風一号発生。遅いのだそうだ。十三日、原稿を処理してくれる出版社に電話する。十四日、ペン例会。吉備路文学館の二階。その席で出版社オーナーに原稿をあずける。岡山も入った三十九県で緊急事態宣言解除。十五日、午前グーグルで知人と話す。座っていてしびれ。行儀よくしていたから。十六日、戸外静か。土曜日、興除公民館での話中止。国の十万円交付金申請書が届いた。メガネ屋さんでレンズ調整。十八日、午後から雨。灰田勝彦のテープを探し、野球小僧だけ聴く。十九日、歯科。定期診断。あちらから定期的に案内してくれる。二十日、この夜からウォーキングに参加することにした。くつが専用でないからか、足が痛い。日中、辺見庸さんの「もの食う人々」を読み返している。記者出身。来岡時に夜一緒したことがある。書いているものは、剣呑だが、実物は謙虚な人。二十一日、久しぶりに県立図書館。イスが無い。立ち読み、きつい。長く滞在できぬよう、密にならないようにの心くばり。黒川さんという検事長が辞表を出した。記者と賭けマージャン。黒川弘務東京高検検事長。二十三日、国のマスク届いた。もらったが、使ったかどうか、はっきりしない。大量に買い、もらったマスクの中に紛れ込んでしまった。二十四日、境港のコーヒーを飲んでいる。みやげでもらった。二十五日、めがねのレンズ交換。二十七日、県立図書館内を少しずつ、ゆっくりあさる。帰って東京の漱石記念館に手紙を出す。二十八日、午後置き薬屋さんが来ている。この人の風邪薬は不思議と効果あり。もう五十年近く来ている。一日に百軒近く回らしい。二十九日、ラジオ局で語りのうまい人四人の女性と会う。三十一日、月末である。四、五月は岡山のコロナは散発、一波はしのげた。

【六月】一日、曇天。自転車でいつもの病院。検温、入り口は一カ所にしぼられている。県立学校授業再開。病院途中の小学校校庭に子ども走る。六日、岡山県立図書館。入館者は少ない。新聞、雑誌類のコーナーのみ。手で本を触るのにちゅうちょ、あれこれと物色するのは難しい。七日、日曜日。夜、市内菅野に出掛けてホタル舞うのをたんのう。二カ所で。蛍飛ぶ一つ一つの闇背負ひ、この句つくった人と同じ心境になる。「ホタルをとらないで」の立て札もあった。八日、同人誌本稿につけるコラムを書く。長野知事と一心同体であった人からすべての職を辞したとのあいさつ状。九日、暑く、コロナ怖くただじーとしている。十日、雨、梅雨入り。外から電話一本。十一日、庭のハンゲショウが咲いている。つくづくネーミングの妙。十二、十三日、雨。電話に一度出る。十五日、雨一服、夜歩く。封書葉書五本を途中のポストに。十六日、晴。ハンゲショウ目立つ。十八日、ペン例会、一校ゲラいただく。午後二時過ぎに散会、雨の中歩いて帰る。十九日、プロ野球セ・パ開幕。巨人六千勝。昭和九年から積み上げてきた。二十日、土曜日。昼、母親に連れられた縁者の坊主くる。一時間ほど相手になってやる。いや相手してもらった。この子マスクを着けないで騒ぐ。夜、歩いていて大きなカエル。蟇(がま)なんとかなるの構え、よくいったもの。二十一日、日曜日、部分日食。ゲラを読んでいる。夜、通販でシェーバーを注文。梅雨の晴れ間。二十三日、羊かんが届く。小さいけれどおいしい。二十四日、国からの十万円銀行口座に。午後県立図書館、近くの山川さんの出版社に寄る。二十五日、雨雲通る。ゲラを手入れする。二十六日、金曜日は早い。ラジオの日。一週間の新聞をめくる。二十七、二十八日、昼寝覚め夢のほとりを彷徨ひぬ、を借用したい心境。二十九日、岡山駅構内に成城石井オープンとテレビ。むずかしい時期の出店、東京の勢いを岡山に持ち込めるか。三十日、終日小雨。なのに知人と三人でカニを食べに行く。前からの約束。この店、きれいなれどもテーブルにアクリル板がなかった。帰路、成城石井の店の横を通る。長い列。何か目玉商品があるのだろう。

【七月】三日、三日ぶりに外出。ラジオの日局の玄関口が大きく開いている。局入りの前に岡山シンフォニーホールビルにある丸善に行く。二冊を選び、サイフをさぐったがない。カネを持たずに家を出た。ボケ。五日、雨。都知事選。小池さん三百八十八万票で大勝。庭のアジサイに色が徐々についている。六日、雨。熊本で被害。七日、雨。薬をもらいに内科医へ。歩く。昼、家人と外食。そのついでに県立図書館につき合ってもらう。八日、雨やむ。九日、雨。昼から自転車で南方まで。県の外部施設の運営会議。出席者意外に多い。議事進行つとめ、二時間。マスクが邪魔をしてしゃべりにくい。十一日、土曜日、雨。JRで妹尾まで。そこから興除公民館。いつものお迎えの車。夜歩く。十二日、午後、金山へ登る道端に車をとめてサルトリイバラを夫婦で採る。ハサミをちょんちょん。帰宅してさっそくにカシワモチつくる。二つ食べる。十三日、まだ雨。昼過ぎにシェーバー届く。なんにもしないのにひげはえる。十五日、山田耕筰に関わる問い合わせをしていた関西学院の同窓会から葉書。十六日、ペン例会。みんなで勝手にしゃべって散会。これくらいさっぱりした会合もなかろう。県立記録資料館に寄る。二階の閲覧室。窓を大きく開けてすうすうと風を通す。山陽新聞の夕刊に藤井聡太さん棋聖位の記事。十七日、ラジオ。日差しあり。途中コンビニでサンケイ新聞を買う。新棋聖のこと、主催紙でくわしく知るため。十九日、日曜日。相撲七月場所初日、二千五百人まで可。いつもの席にいつもの人が座っている。テレビ観戦。岡山市でコロナ初のクラスター。飲食店で集団感染した。二十二日、散髪。直しのゲラが郵便で帰ってきた。すっきりした頭で目を通す。GOTOトラベル開始。二十三日、海の日。小雨。雨中を元気なMさんがいま収穫したばかりとキュウリを届けてくれた。立ち話。午後、玉野へ、藤田経由。深山公園。広い園内をイノシシ、マムシに注意しながら歩いて、アナゴを買う。二十五日、岡山県のコロナ感染者の発表が二ケタになった。二波。二十六日、部屋から動かず。手紙を書いている。二十七日、外科医の先生とマスク越しにしゃべる。お尻に貧血対応の注射。病院から岡山駅近くのホテルロビー。知人二人と待ち合わせ。場所を移し、昼食。ホテル内の食事どころは閉店していた。静かに食べる。周囲が気になり、つまらない。二十八日、山本寛斎さんが死去。この日夕刻までのコロナ禍数字。世界で千六百四十九万人が感染、日本は三万千五百八十六人、死者九百九十八人。二十九日、縁者から退院の知らせ。三週間ぶりに自宅に落ち着いた様子。よかった。三十日、梅雨明け。午後雷雨。三十一日、急に暑くなった。かつて会社でお世話になった先輩の死去を知らされる。FMラジオの番組審議会で感想を話す番組収録のCDを流している。

【八月】三日、夜月が赤い。歩きながら見ている。四日、歩く。月満月に近い。五日、暑い。岡山県の感染者が累計で百人に。七日、新聞社から社報が届く。後輩達、大きなハンディを背負いつつ新聞をつくっている。八日、午後から元気出す。動いた。家人の監視のもと、薬師院、三友寺で山田耕筰の原稿に付ける写真を撮る。こんな時は身体が軽い。九日、神戸文学館に手紙を書く。行きたいのだが無理。で、山田耕筰についての問い合わせの手紙。十日、山の日。甲子園で高校野球交流試合の開始。六歳間近の男児来てあばれて見せてくれる。十一日、午後から出版社にゲラの直しを届ける。いっぱい書き込んでおり恐縮する。帰って新聞社の担当者と原稿に使いたい記事につきやりとり。手続き。十二日、にわか雨にびっくりする。午後二時、自転車で新聞社に行く。前日の担当者に会う。十四日、ゲラが帰ってきた。早い作業。関西学院の資料編さん室に手紙を書く。これも山田耕筰がらみの願いごと。吉報を待つ。夜歩く。「くちなしの花」を唄っていた人が逝くの報道。十日のことらしい。十五日、暑い、終日冷房の下。夜歩いて汗。将棋の渡辺さん、名人位に。アメリカの感染者は五百万人を超え、十六万人亡くなった。世界では二千万人近い感染者数。十六日、県立図書館。近くの山田関連の碑を写真に。十七日、朝刊休み。新聞が朝無いと全身が抜けた感じ。暑い。昼寝。途中に知人から携帯、また横になる。安倍首相一日入院、何もせぬ日々に疲れて夏果てぬ、そうそう、同感。メモ帳備考に記入してあり。十八日、朝、岡山御津高に電話をした。これまた、山田関連のこと。終わって関学一〇〇年史アルバムを見ている。これまた山田関連。夜歩くが、あつい。十九日、倉吉のタピオカを使ったチョコサンドをいただく。届けてくれた人に感謝。二十日、メガネ屋さん、枠を修正してもらう。ねじれていた。昼食べて自転車で山陽放送の新本社でのシンポジウムに。予約していた。能舞台が見たかった。二部構成のシンポ。一部で出る。岡山亜公園についての興味深いお話であった。二十一日、ラジオで外出の日。早くに家を出て市民会館近くで何十年ぶりの人と待ち合わせ。前の日にご自宅に連絡し、わざわざ出向いてくれた。向こうは連れの人を伴っていた。旧知、話のテンポはスムーズ、二人は金川高校のＯＢ、山田耕筰がらみの話をたくさん聞けた。幸福の日。二十三日、処暑。台風くるのか、空あやし。二十四日、歯科。夜歩いている。弦月がきれい。二十五日、火曜日。本来なら東京二〇二〇パラリンピック開会式の日。正午三十三度九分。桃をもらった。おいしい。加えてこの日水もちも食べられた。原稿につける写真の選択作業に入る。夜歩きはじめて三カ月になった。二十六日、夕刻の水やりが大仕事になってきた。岡山県がコロナ軽症無症状者の宿泊療養施設を確保したと発表、使用を始めた。二十七日、ペン例会。暑いので会合の場所まで家人の車で。直しのゲラと写真を山川さんに渡す。帰宅したら縁者が待っていた。サザエを持ってきていた。夜、この珍品をいただく。二十八日、安倍さん辞意表明。七年八カ月の在職、潰瘍（かいよう）性大腸炎の再発。三十日、コロナ感染者二千五百万人突破した。二十一世紀になって現れた感染症のうちで拡大スピードが突出しているらしい。三十一日、二百十日。元岡山市長の安宅敬祐さん死去報。七十八歳。晩年は大学の先生をしていた。高梁三十六度七分。九日から猛暑日二十三日連続日本一。

【九月】一日、朝日新聞の村山社主のお別れの会（大阪）。朝一番で内科医。薬。九時のこと。夜ワインもらう。明日誕生日。二日、台風九号九州接近。風、ぬるい。FMラジオから番審日程調整の携帯、伊原木さん県知事選立候補表明。三日、台風十号危険と呼び掛けあり。ゲラが一挙に届く。関学の学院史編さん室から返事の手紙あり。番付が来る。秋場所。株価二万三千四百六十五円。二月の急落前に戻す。四日、歯科。五、六、七、八日、ひそんでいた。九日、蒜山に行く。家人が車を出す。めざしていたソバの店は定休日、ワインの館で珍妙な昼食。大山休暇村は涼しい。二十度。ソバの花咲き、ススキが揺れている。季節は正直。帰りは大雨だった。真庭の初和から降り出し久米に至ってごうごう。車の窓をたたく。出版社に校了の連絡。十二日、興除公民館。コロナ対応でこれまでと違うイスの配置。聞く人との間隔あり、話し合う、語り合う、ふん囲気がやや欠ける。こちらも、あちらさんもマスク、知人が来ていたのに終わって声を掛けられて知る。十三日、日曜日。昼三十一度八分。夜はしのぎやすくなった。十四日、内科医に行く。朝食べずに受診。自民党総裁選。岡山コロナ感染者百四十七人。死者一人。十五日、歯科。立憲民主党結党。十六日、臨時国会。組閣、九十九代首相に菅さん。よしひで、よしひでとつぶやく。十八日、ラジオ出番終わって帰れば知人から電話。冷房入れず、楽になった。十九日、国勢調査表が届いた。夕刻墓の掃除に出る。雑草が目立つ。三十分掛けてバケツ水で磨く。家族ぐるみ。二十日、日曜日。夜のウォーキングにシューズを買う。足と折り合いがよさそう。二十一日、敬老の日。百歳時代、百歳以上の人が八万人突破。午後から玉野、深山公園、新しいシューズで歩いた。五千歩。アナゴ買う。二十二日、初感染者から半年。二十三日、ラジオ局モモの番審、七人。一人新しい委員。母校通信来る。追悼の頁を見る。山陽新聞夕刊廃止のことを聞く。二十四日、台風十二号関東地方をかすめて行く。知人と三十分グーグル交信。曇天。午後同人誌「岡山人じゃが」届く。二十五日、一週間早い。もう金曜日。ラジオ、今日が五百五十三回とか、生、よくぞ続ける。冷凍ケーキが宅配で。だれの手配。流行語になっているSＤＧsの採択五年。二十六日、知人や関学同窓会にできたばかりの雑誌を送る。二十八日、郵便局に行く。出版社に入金。歯科。二十九日、児島湖近くの花回廊、ヒガンバナを見に行く。いつもの年なら駐車場がいっぱいなのに今秋は余裕あり。検温には列。手をふき、もみながらヒガンバナ。アマカメラマンが邪魔。県立図書館、午後から。三十日、コロナの死者百万人超す。初の死者発表から九カ月、世界はウイルスに満ちている。感染者は二百三十人に一人の割合。庭先、黒くなってしまったアケビ、雨に打たれても動かないアゲハチョウ。晩秋。

【十月】一日、仲秋の名月。旧暦八月十五夜。夕刊休刊が新聞に。二日、トランプ夫妻コロナ感染。国勢調査表を投函。パナ岡山工場閉鎖のニュース。松下電器ビデオ工場の時代。取材の思い出多し。知人から焼き立てのパン届く。夕刻のこと、やわらかい。三、四日、家でこもっている。メモなし。備考の欄に樋口一葉特別展十月三日〜十一月二十三日と記す。姫路文学館での催し。行きたいのだ。五日、足守公民館に返事。主催事業のゲストスピーカー依頼の件。菅首相会見、日本学術会議六人の問題について。学者の世界に立ち入るのはしんどかろう。新首相はこの件でかなり値打ちを下げた。七日、仲間とカニ会席、前菜からデザートまで十種、二時間。しばしコロナ禍忘れる。雑誌岡山人

マスク姿でヒガンバナ見いる

じゃがを送った人から電話。八日、雨、台風接近。昼寝からさめてエルヴァシャのＣＤ。このレバノン出身の人のピアノＣＤ、数年前に舞台で聴いて会場で買った。飽きない。十日、岡井隆さんの「ぼくの交遊録」を読んでいる。曇天の日に似合いの一冊。岡山に父方の墓があるらしい。二〇〇三年、平成十五年十一月「竜」の会員と岡山で交わっている。ことし七月十日に九十二歳で亡くなった。この本を読みたいと思っていた。医者の道から転じ、いろいろ挑戦した人。もう一冊、入江相政日記を文庫本で読んでいる。十二冊高く積んで。京、藤原定家の家に縁のある人で天皇侍従長をやりながらいろいろ多忙だった。十二日、暑いな。車に便乗して岡東浄化センターでコスモス畑を歩く。車内で寝ていたが、三万本の圧倒的なコスモスに目ぱちくり。さらに東へ。日生、魚市場。昼食。もっと東へ坂越えし、赤穂の大石神社。だれともすれ違わず。十二月の暮れでなくてはこの神社のにぎわいはないのか。十三日、林原健さん没の新聞記事。七十八歳、九州で。無言がよい。十四日、知り人とグーグル交信。十五日、ペン例会。仲間の集まり、遠慮は無用、かっこつけずで気楽。ペン例会の前に皮膚医へ。乾燥して足がかゆい。塗り薬をいっぱい。十七日、貯蓄の日。寒い。十八日、日曜日。気温少々上がる。ずっと寝ている。午後二時を告げる時計ではね起きる。裏に黒アゲハ舞う。十九日、曇天。菅首相ベトナム、インドネシア訪問。二泊三日の旅。二十一日、いつもの総合病院で予約していたＭＲＩ（腹部）。年二回ＭＲＩ。結果出るのに九十分。二十二日、小雨。夫婦でインフルエンザの予防注射してもらう。二十四日。昼十八度。風が吹く。夕刻、縁者がマツタケをくれる。香りが良し。二十五日、日曜日。県知事選。伊原木さん三選。投票率三三・六八パーセント。昼を食べて小学校で投票する。菊花賞レース、一番人気馬勝つ。岡山コロナ感染者二百人突破。第三波。二十七日、高橋秀さんが文化功労者。本棚に彼の作品、シルクスクリーン四版四色、金ぱくの「早暁の船出」飾っている。ＸＶのＶ。大事にしよう。県立図書館へ。大岡昇平の「成城だより」

借りる。家のものを探したが見つからず借る。ついでCD店を物色。二十八日、岡山県で初の死亡者。二十九日、国内のコロナ感染者十万人を超えた。作家、佐江衆一さん死去。肺腺がん。八十六歳。二十七年前に大きな手術をし、病院で佐江さんの「黄落」を読み、気を静めた。三十日、月がきれい、夜歩いている。三十一日、岡山でコロナのクラスター次々に。ペン仲間から新刊本が届いた。みなさん、よく調べ、よく書いている。しっかり読もう。

【十一月】一日〜八日、ひそんでいる。メモ帳は記入少なく遊んでいる。わずかに備考のところにＡｒｔ ａ ｓａｒａ…。?三日、米大統領選。岡山のコロナ三百人超。累計。四日、散髪。自転車で。だれも居なくて目を閉じて一時間半。ていねいな仕事。九日、午前病院。医師いわく、手洗い、うがいが徹底しているのか、インフルエンザ患者が少ないと。十一日、丸の内ロータリークラブで三十分弱話をする。掛け出し時代の思い出を。帰宅は十四時三十分ころ。広い会場に会員がソーシャルスタンスを取る。ロータリー、ライオンズ、毎週・隔週の例会の設営は大変だろう。十二日、ＦＭラジオの番組審議会、新聞社に出向く。七人出席。十四日、心地が良い。午前九時三十三分発のＪＲで妹尾駅、迎えの車で興除公民館。正午前まで話をして帰ろうとしたら前に座っていた人が「食べてみて」と自分が育てたという大豆をくれた。その袋を下げて帰る。十五日、好天。坂田藤十郎さん死去のニュース。琴奨菊引退。野球のクライマックス二戦目。十七日、秋晴。家人と姫路へ。昼に着き、予約していたアナゴ弁当を買う。たんのうして家人と一旦別れて一葉展。会場玄関口のチェックが厳しい。出品物は東京・台東区の記念館のものの一部を移している。出て姫路城をながめる。一時城は真っ白だったが風雪重ねて落ち着いてきた。帰りは竜野に寄り道をし、モミジ狩。車で無理をしない一日だった。息抜きできた。十八日、自転車に五冊の本を乗せて県立図書館。返却のその後は南方のウィズセンターであった十数人の集まりに呼ばれていておしゃべり。マスクをしているのでみなさんの発言少ない。ひとりでしゃべり。十九日、ペン例会。吉備路文学館二階。隣にマンション工事が進んでいる。工事音はまるでないが大きいらしい。文学館の入場者は見掛けない。会の部屋の窓を少し開いて世間話や近況を。仕事を抱えている人の話は面白い。二十日、ラジオの日。午後五時過ぎからいつもいつも三十分余。「今日も元気ですよ」と呼び掛けてみる。二十一日、土曜日。一時と時計が告げたのを機に家を出て津山をめざす。途中、家人が降車し、夕食のものを買っている。一服し、津山城。駐車場がいっぱいらしくとろとろ。下車し、石垣のたくみな積みに感心しながら天守へ。眼下の津山市内きれい。変わらぬようでこの都市の街中も新しい建物多し。ここに来たら常に行くまんじゅうのT店に回る。日没直後に帰宅。かなり歩いた。ネットでG20。日本シリーズ西武―巨人戦。弱いなあ。二十四日、知人から早くに二本の電話。歯科で一時間。歯が丈夫でなければ何を食べてもおいしくない。せっせと通う。コロナ感染者岡山累計五百人となる。負けないぞ、夜五千歩。専門書は日に七、八千歩は必要と書く。二十五日、かゆいところの塗り薬をもらいに出る。予約していたのでスムーズ。帰って昼になる。岡大近くで友人と日替わりランチ。学生さんらがわいわいいう。周囲の空気を察知、一時はだまるが、また騒ぎ出す。こわいものがない世代だ。夜、後楽園に行こう、行くかと家人。幻想庭園。ころばないよう慎重に歩き、明かりにぽっと浮かんだ唯心山にいやされる。帰り道、欲張って西川もイルミネーションでお化粧しているので車を預けてしばらく歩く。寒いが……。帰宅しスマホを見れば六千歩と数字が刻んでいた。二十七日、ラジオ出勤日。午後二時過ぎに家を出て中学校の北側の用水路沿いを自転車で。飛ぶカワセミと会う。小野リサのCDを買う。学校ではコロナ感染者が増えてきた。二十八日、先日のロータリークラブから礼状。国旗、ロータリー旗の下でしゃべる私の記事入りの週報も入っていた。決まり事をきちんと、休むことなくできるロータリーのような集まりは希少。二十九日、家人は赤磐にお茶を買いに行くと出て行った。気分転換だろう。こちらは昼寝をして夜を待つ。月夜、空は澄んでいる。歩くコースを少し変えて住宅地を縫うように。三十日、好天。朝方、毎年の親切、知人からカレンダーがありますよの連絡。はいと返事をしていただきに行く。夜歩いていてうかつ、縁石に足をすくわれてバタンと倒れる。あやういこと。

【十二月】一日、師走。すがすがしい月初。ここまでどうしようかなと迷って来たたくさんの本を整理し、処分すると決めた。夜五千歩。もう息があがらなくなっている。しかし夜道は要注意。ライトをつけずに走る人、自転車、スマホに熱中し、前を見ない自転車は大敵。昼、自転車に乗ることの多いわが身、自戒もする。二日、近所からカニをいただく。あちらで食い切れないそうだ。四日、ラジオの出番。帰りにラジオ局所蔵のケイコ・リーのCDを借りる。五日にかけて聴いている。六日、日曜日。午後Mさん、来宅。ダイコンとハクサイをもって来てくれた。土のついた野菜は鮮度が違う。知人から携帯あり。なつかしい声。大阪から。帰岡するから会わないか、と。八日、ダンボール箱をロッカーから出し、詰め込んだ本を整理の作業開始。もう手にとってもめくらない。未練が残るので。まず文庫本から。これまでいかに読み込んだことか、大切にしてきたか。いずれにもいたまないようにカバー掛けている。みやげ物の包装紙で。ぱらぱらと新聞や雑誌の切り抜きが落ちてくる。今日は一時間ほどでやめた。肩が痛い。知人とグーグルで話す。午後県立図書館を訪ねる。しばしのめり込む。九、十、十一、十二、十三日。ダルマのようになっている。昼間の外出は十一日のラジオ局の二時間のみ。入江相政日記の文庫本の山をくずしている。岡山の三光荘に泊まってほめている。十四日、病院から電話、受診の時間が午前から午後に変更になると、外の風が強い。新聞社の知人から新年のカレンダーが届いたと連絡がある。十五日、岡山初霜。カレンダーをもらいに行く。家人が車でつき合ってくれた。そのまま縁者のところへ。四人でタイ焼きを食う。アメリカでワクチン接種始まる。帰宅して大阪の知人との会食計画はまたにしようと、ことわりを入れる。十六日、初氷。寒い。日中は毛布にくるまれている。大阪の知人からセンベイが届く。間を置かず別便で体重計が届く。だれだろう、体重を気にしているのは。十七日、自転車で岡山駅西口辺りまで。マスクし運動のひとつだと思って。チャリは足、腰、ヒザの養生に効果あり。まだふんばれる。午後家人と外出、フロ空調の更新のため。二十日、山陽女子ロードレース、二百六十四人走る。師走風景は健在。この日岡山のコロナ感染者百人を超え、累計千人突破、コロナ禍加速。知人にセンベイのお礼、ついでに近況をやりとり。調子はよくないらしい。気分転換ができないと。仕事の機会が減っているとも。国内のコロナ感染者累計が二十万人に近づいている。町内会報、近隣にNPO法人が（家がない人対象の）無料低額宿泊所開設を計画していると知らせている。二十一日、冬至。賀状刷り上がってくる。岡山県が独自の医療非常事態宣言。コロナ患者用病床使用率が四七パーセントとひっ迫。今日も百人超の感染者が確認されている。夕方内科医へ。夜五千歩。雨の日と木曜日は安息日。国の新年度予算案組み上がった。百六兆六千億円。コロナ予備費五兆円。税収半分強、残りは国債。どうなる。二十二日、網戸をきれいに洗った。きれいに洗うコツを新聞で読んでいた。一仕事した感じがする。午後家人そろって焼きアナゴが食べたい、で、玉野の道の駅に向かう。休日。帰るのはもったいない、渋川海岸へ行く。冬の海もいい。サーファーがいた。海岸沿いを歩いてみる二十三日、本と一緒に保存していた数十枚のクラシックレコードをひとくくりにした。賀状書き始めたが、中途半端では書けない。姿勢を正す。勤めていたころの半分、それでも百五十枚。二十五日、変異種のコロナ感染者初確認。姿を変え、強くなっている。二十六日、新しいトースターを買って来ている。正月、モチでなくパンを焼くのか。二十八日、賀状を出す。追加を買った。二十九日、株価急騰。日経ダウ二万七千五百六十六円で引ける。三十年ぶりの株価。この一年、株もおびえて上に下に。三十日、強い風が吹きまくっている。昼前、知人と街中で会う。約束事あり。五分ほどで別れる。三十一日、掃除を手伝う。外の本、レコードは家人が処分した。闇夜、テレビは紅白。知らない人ばかり。初めて見る人多し。年越しのソバをことしも遠慮した。午後十一時いつものように寝る。

吉備津宮回想記

今西宏康

一品聖霊吉備津宮、新宮本宮内の宮……

北や南の神客人、艮みさきは恐ろしや

（後白河院編『梁塵秘抄』より抜粋）

（一）

時は一九七〇年代前半、「オイルショック」で高度経済成長が終焉した頃のこと。

国政面では鳴り物入りで始まった田中角栄の「列島改造」も結局はインフレに拍車を掛けてポシャっていた。

「団塊世代」も政治闘争に明け暮れる余裕は無くなり、三々五々「資本」の軍門に下りつつあった。

巷間では「サザエさん」の新聞連載が終了し、ドリフターズに志村けんが正式加入、そして巨人軍長嶋茂雄の引退試合が行われた頃である。


東京の某教育大学が都外へ移転再編となり4年後の閉学が決まったが、その最後の新入生に「寅吉」という学生がいた。彼の世代は大江健三郎などから「遅れてきた世代」と呼ばれていたが、消え行く大学で歴史を学ぶのもなかなか乙なものだと寅吉はここを選んだ。

その大学の文学部史学科にはWという名物教授がいて、毎年「史学概論」という新入生向け講座で学生たちにパワハラめいた質問をするので恐れられていた。例えば、神代史を削除された「戦後」の歴史教科書で学んできた寅吉たちに平気で「天孫降臨」の詳細を尋ねたりする。そもそも「戦中派」の生き残りであるWの学識に「戦後派」で且つ未熟な学生たちが付いていけるわけがない。案の定W教授の口から毎度

「君達は何にも知らないんだな！」

とドヤ顔の決め台詞が発せられることになる。

ところが寅吉の同期には一人戦中派もどきの変わった学生がいた。Oという彼は九州男児で、細身だが切れ長の目が涼しく中々の〝イケメン〟。彼はW教授のアナクロ趣味な質問にもポンポンと回答し、ついにW教授をして

「今年は少しはましな子がいるネ」

と言わしめていた……

ある晩寅吉はちょうど近所に間借りしていたOの所で酒を飲む機会を得、この絶好の機会に色々と詮索を試みた。Oの方も寅吉という人物に関心を持った様子でその夜は遅くまで談論風発となった。

「君もあのW先生に褒められたんだから大したもんだよ」と寅吉。

「いんや、大したこたぁないっちゃ」とOはまんざらでもなさそうで上機嫌、うまそうにセブンスターを吸っている。

「いやいや、君の学識ははんぱじゃねぇ、かなりの年季が入っとる！　齢ごまかしとるんちゃうか?」とタバ

コを吸ったことのない寅吉が酔ってからむと
「齢？　あんさんと同じはずだっちゃ。学生証見せちゃる」とOは自分の学生証を寅吉に見せたが、確かに二人は同い年であった。話題はOの〝姓名〟に転じる。

「〝淡海俊郎〟？　……歌手でそんなのが居ったろう？」

「あぁ『湯の町エレジー』のな……ありゃぁ〝近江俊郎〟！　字が違うとよ。あんさん〝淡海三船〟って知っちょっとか？」

　Oの名字は〝淡海〟であった。そういえば「山川」の日本史教科書の中にそんな名字の古代人がいたような気もするが、寅吉は笑ってごまかした。

「……なんか居ったな……ハハ、どんな人じゃったかな？」

「アカンちゃそりゃ！　仮にも日本史学を志す者が〝淡海三船〟を知らんとは、」と表情を引き締めた淡海俊郎は講釈を始めた。

「淡海三船は奈良時代後半の貴族で、高名な学者だっちゃ。元々は天智天皇の子孫やけど臣籍降下して皇族や無うなった。ばってん、孝謙天皇から桓武天皇にかけて重用されたごたる……それから何ちゅうても、神武以来の歴代天皇のお名前を決めた人だっちゃ！」

「お名前？」

「だから〝神武〟〝綏靖〟〝安寧〟〝懿徳〟〝孝昭〟……ちゅうあれよ！」

「ほー、じゃあ〝応神〟とか〝仁徳〟とかも？」

「そうそう、初代の〝神武〟から第44代〝元正〟まで！　〝聖武〟から後は違うけど……」

「ほー、すごいご先祖がおられるんじゃな！」

寅吉は一応感心してみせた。（変わった奴だがとりあえず仲良くしておこう）といった心境か。

「ところでW先生の今日の質問、今日も君が真っ先に答えよったけど、あれは確かに大事なことだな」

寅吉が次の話題を撒く（えさま）と淡海は喰らい付いてきた。

「大事も大事、全日本人のアイデンティティではないか！　自分らの氏神は、」

ちなみにW教授の質問というのは
「君たちは自分の氏神様のお名前を知っているか？」

だったが、淡海は「うちは牛頭天王（ごずてんのう）です！」と即答していた。他の学生は一様に首をかしげていたのだが
……

寅吉は続けた。

「お前さんの言うてた牛頭天王て何じゃ？」

淡海はまた胸を張って講釈する。

「知らんか？　京都の八坂神社が総本宮、疫病やら何やらの厄災を除けてくれる異国から来た神様っちゃ……

でも本当は『素盞鳴尊（すさのをのみこと）』のごたる（みたいだ）な」

なるほど、と頷く（うなず）く寅吉に淡海は煙を吹いて逆襲してきた。

「そりゃそうと寅吉君、おたくの氏神様はどなた？」

「えーと……郷里（いなか）の天神様かな？」

「天神様と言えば菅原道真公、九州大宰府が総本宮！　失礼ながらあれは後年出て来んさった怨霊神だっちゃ。

もっと古いのが居（い）てられんか？」

「……そしたらやっぱり吉備津神社の神様かな……」

「なるほど、あんさん岡山やったな。吉備津神社っつったら大したもんだっちゃ！　そいで御祭神のお名前

は？」

「えーと、吉備津彦命（きびつひこのみこと）」

「いや、あれは大吉備津彦命だっちゃ。四道将軍の御一人やろ？」

「四道将軍？」

「うん、『日本書紀』に出ちょるでしょ！　吉備津神社の裏山に御陵ってか古墳が無（ね）ぇか？」

「おぉ、あるある」

「その古墳の向こう側ってか東側に黒住教の御本部ができちょらんか？」

「黒住教の？」

「……君は何にも知らないんだな！」

淡海はW教授と同じ台詞（せりふ）を吐いた。吐かれた寅吉、この野郎！　とは思ったが淡海の博識には敵（かな）いそうもない。タバコ臭くて酔いも醒めてしまった。

結局その夜の寅吉は大人しく淡海センセイの顔を立てて退散したのである。

（二）

夏休みになって参院選があり、自民党は過半数を割って敗北。野党系の市川房枝が81歳で復活当選したりしていた。

一方岡山に帰省していた寅吉は選挙にも行かず、件（くだん）の「吉備津神社」に参拝していた。いや正確には現地調査（フィールドワーク）していた、と言うべきか……とにかく人を小（こ）バカにしたような淡海を見返してやらねば、というのが「参拝」動機である。

国鉄吉備線（現ＪＲ桃太郎線）の吉備津駅を下りて南東側の国道を渡ると参道入口、正面に「吉備の中山」に抱かれるように本殿屋上の千木(ちぎ)が光っている。松並木で知られる参道を三百ｍ(メートル)ほど進むと「中山」の麓(ふもと)に至る。途中参道右手の駐車場脇には郷土の偉人「犬養木堂」の銅像。

（〝五・一五〟の犬養首相もここの氏子だったんか……）

寅吉はそんなことを思いつつ山裾(すそ)の手水舎(ちょうずや)で手を清め、右に折れて重要文化財の「北随神門」に向かって石段を上がる。随神門をくぐると途端に急勾配となる石段を上がりきるともう眼前は国宝の拝殿と本殿である。拝殿正面には「平賊安民」と揮毫された額が掲げられ、桃太郎の話を連想させる。子供の時分から何度も来ている寅吉だが、この日はいつになく念入りに拍手(かしわで)を打って合掌した。

（大吉備津彦命か……実在したんやろか？）

拝殿での参拝を終えた寅吉は左後ろにある販売所に置いてある神社の由緒書きをもらった。岡山文庫の新刊『吉備津神社』（藤井駿著）も有ったのでそれも買った。

この際建造物は全部見ておこうと寅吉は、足利義満が再建させたという美しい桧皮葺の本殿（岡山県最初の国宝）をカメラに収めた。本殿の反対側に回ると「南随神門」を起点になだらかな下り曲線を描く廻廊が見晴らせる。しばしばフォトスポットに使われるこの有名な廻廊を下り出すと、寅吉はふと伯父に初めてここに連れてきてもらった時のことを思い出した。歴史好きだったその伯父は5年前に他界していたこともあり、彼は歩きながらしばしば回想に耽(ふけ)った。

「寅吉、長い廊下じゃろう」

「すげー！　おじちゃん向こうの端(はし)まで何メートルあるん？」

「そうじゃな、三百メートル位あろうかなぁ。ちょっと写真撮っちゃろ……そうじゃ御釜殿の所で撮っちゃろう」

「御釜殿？」

「おぅ、鳴釜神事やってる所だよ。『吉備津の釜』って言う怖い話で有名じゃ！　知っちょるかな？」

「いや知らへん。どんな話なん？」

「うん、あの御釜殿にはこんな大きな湯沸かし釜があってな、お湯を沸かすと蒸気でブオーって釜が鳴る！　その音の大きさで吉か凶か占うんじゃが……昔、結婚してもいいかどうかここで占った男女がいてな……」

……てな調子で寅吉は伯父から『吉備津の釜』（『雨月物語』所収）の話を教わったものだ。この伯父は子供がいなかったので当時関西に住んでいた甥の寅吉ほか親族の子供たちをよく可愛がった。また大の歴史愛好家であり、寅吉は岡山に来るたびに岡山城・後楽園・吉備路などに連れて行ってもらっていた。さらには子供向けの歴史読本や歴史漫画なども伯父からもらったものだった。

やがて寅吉が小学5年生になった頃、例年通り伯父は岡山に帰省した甥姪たちを集めて連れ出した。この時は子供が総勢5、6人いた

中で寅吉が最年長だった。

「寅吉、また吉備津神社に行ってみるか?」

「え……はい」

寅吉は正直(またか)と思ったが、伯父はそれに気付いていたのかどうか、続けて曰く
「あの神社の後ろの山に登ろうや!」

「歩いて?」

「いや、上まで車で行けらぁ。でもてっぺんまではちょっと歩かんならん……けどちょっとだけじゃ! 登ってみんか?」

「うん、行こ!」

寅吉は〝吉備津神社の後ろの山〟に興味を持った。そこは「吉備の中山」といって大切な古墳があることは聞いていたが、ついぞ登ったことはなかったからだ。その日寅吉筆頭に5、6人の子供たちは伯父の先導で「中山」を登った。

伯父のワゴン車で八合目ぐらいまで行き、その先は登山道であるが、10分も歩くと山頂の「御陵」に着いた。(淡海の言っていた)宮内庁所管の「中山茶臼山古墳」である。埋葬者は大吉備津彦命、第7代孝霊天皇の皇子で吉備津神社の祭神である。だがその日伯父は
「ここが桃太郎のお墓じゃ!」

と子供たちに説明していた。最年長の寅吉はさすがに(うそやろ)と思ったが、年少のチビどもはわーっと声を上げて感動している。伯父は苦笑しつつ寅吉の肩を叩いてつぶやいた。

「お前、本当は誰か後でみんなに教えてやれよ……」

気が付くと寅吉は廻廊の南端まで来ていた。すでに見るべき建物を通り過ぎている。寅吉は廻廊南端の「本宮社」、折り返して廻廊西側にあるあの「御釜殿」、東側の山麓にある「えびす宮」「御供殿」などを見て回り、最後に石鳥居から始まる長い石段のてっぺんにある「岩山宮」を拝むことにした。さすがに「御陵」は徒歩ではきついので、今日はここまでにしておこうと決め込んだ。

「岩山宮」は吉備国（きびのくに）の地主神「建日方別（たけひかたわけ）」をお祀りしているとのこと。またの名を「吉備児島（きびのこじま）」といい、『古事記』によれば、イザナギ・イザナミの「国生み」の時生み出されたという由緒正しき地主神である。後になって大和（ヤマト）が送り込んできた〝征服軍の大将〟大吉備津彦命よりずっと昔から吉備国を治めてきた地主神である。当時寅吉はそこまで詳しく理解してはいなかったが、「岩山宮」がこの辺りで一番古い神様のお宮らしいことは分っていた。敬意を払って拍手拝礼したが、どうにもどっと疲れが出てきた。見れば丁度近くにおあつらえ向きの長椅子（ベンチ）が一台ある。

（失敬、ちょっと休ませて頂こう）

寅吉は長椅子に腰を下ろし、人気（ひとけ）のない「岩山宮」の境内を改めて見回した。よく見るとその辺りはあじさいの木が多い。

（梅雨時分に来てたら綺麗やったろうな……）

そんなことを考えながら横になった寅吉は、まもなく意識を失った。

岩山宮

（三）

「おい、起きんせ！」

だらしなく長椅子で気絶していた寅吉はその声で覚醒した。

誰かと思い起き上がって声の主を見ると、黒の学生服を着た中学生風の少年。幼げな顔付きで、学生服でなければ小学生に見えたであろう。しかし言葉付きは大人びている。

「君は誰の許しでここで寝よるん？」

（妙なガキが出てきたな）と思いつつ寅吉は弁解を始めた。

「え、誰かのお許しがいるんかな？　ここは」

「吉備の地主神さまのお膝元（ひざもと）じゃけーね」

「そうかぁ、それは大変ご無礼をいたしましたぁ。しかし君は誰なん？」

少年はその問いには答えず話題を転じた。

「まぁ君のおじさんはいい人だったから今回は大目に見てやらぁ」

「……ぼくの伯父を知ってるの？」

「まぁね、学校の先生みたいなおじさんだったね」

「確かに、商売人じゃぁなかった……」

寅吉の伯父は家業の卸売り会社を継いでいたが、先代（つまり寅吉の祖父母）ほどの商才はなかった。長男と言う立場上とりあえず家業を継いだのだが、実は教師なんかの方がよっぽど性に合っていた。結局鳴かず飛ばずで早死にしてしまったが、子供もいなかったので、会社は大手商社に勤めていた寅吉の父たちが引き継いで何とか凌いでいたのである。

「……しかしあの伯父は5年ほど前に死んでる！　君はいつどこで伯父と知り合うたん？」

寅吉はいぶかしげに尋ねた。少年曰く

「ここで何度か会うた」

「へ？」

「君のことも昔から知っとるし」

「なに？」

「いや、ここの氏子はみんな知っとるよ」

さすがに寅吉もぞぞっと気味が悪くなった。

（こいつ、妖怪か？　とにかく只者じゃねぇ）

「へへ……君ぃ、怖がったらおえん。ぼくは君たち氏子の味方じゃけ。けど地主神さまは一番偉ぇ神さまなんじゃけー礼儀正しくせにゃーおえん」

「……君は地主神さまじゃぁないん？」

「うん、ぼくは大吉備津彦命の甥っこ耳建日子じゃ！　命さまの言い付けで地主神さまのお側におる」

少年はやっと自分の正体を告げたのであった。

寅吉はホッと一息ついて、「耳建日子」と名乗る少年の姿をした神霊と会話を続けた。

「それは恐れ入りました、君も神様なんだね……ところでその、〝吉備の地主神さま〟てゆうのはどんな神様なん？」
　少年姿の神霊はまっすぐに寅吉を見つめて曰く
「……ここの地主神さまは御名(おな)を建日方別と申される。この吉備国が生まれた時から棲(す)んでおられる神さまじゃ」
「ふんふん」と相槌を打つ寅吉に神霊の続けて曰く
「そもそも君は、『古事記』の国生みの話を知っちょるか？」
「え、大体知ってるけど……」
　寅吉は伯父の感化で記紀神話の概略は知っていたが、W教授の講義以来勉強不足を自覚している。だがそれを見透かすようにこの神霊は容赦なかった。

「伊邪那岐(いざなぎ)・伊邪那美(いざなみ)の御両神が大八島(おおやしま)の国々をお生みになったじゃろ？」

「うんうん」

「大八島の次にお生みになったのは？」

「えーと……何だっけ」

「大八島の次にお生みになったのは吉備児島じゃが！」

「あぁそうだったかな……」と寅吉の声は小さくなる。

「ダメぃね、その吉備児島の又の御名が建日方別なんじゃが！　ここにおわします、」

　そう言って神霊は岩山宮の社殿を指差し
「この裏山の巨岩(おおいわ)が御神体！　じゃけーここを『岩山宮』て云(い)うんじゃが！」

「……」

「けど、この吉備の地主神さまはえろー気が優しゅうてな、よそから次ぃ次ぃ人がやって来るんをみな暖こう受け入れたんじゃ。せぇで百済の王子じゃった乱暴者の温羅までやって来た。温羅は強かったけどが言葉も通じんかったけーみなに嫌われてのー……しゃあねぇけーここから北西二里のところに城を築いて引きこもった、今『鬼ノ城』て云われてるあそこじゃ。これも地主神さまのお計らいじゃったと思うよ」

「へー、知らんかった。それで？」

「うん、最後に大和の大王が吉備を従えようゆぅて送り込んできた将軍が五十狭芹彦命。この将軍が暴れる温羅を成敗して吉備国を平定した。吉備の人々は地主神のことも忘れて五十狭芹彦命を〝大吉備津彦命〟と名付けて祭り上げたんじゃ。大吉備津彦命さまはここ中山の麓に茅葺宮を建てて国を治めんさった。付き従うたご家来神は犬飼健命はじめ総勢68柱……」

「へー……温羅も可哀想な奴じゃな……そいで地主神さまは？」と寅吉。

神霊の物語りは続いた。

「うん、さすが大吉備津彦命さま、建日方別てゆぅ吉備の地主神を忘れちゃぁおえん言うて中山の中腹にある巨岩を神離として結界の縄を張ってお祀りしたんじゃ。それがこの『岩山宮』じゃが、ご鎮座以来ぼくが随神としてお付きしちょる。あぁそれから可哀想な温羅じゃけど、本殿内の艮御崎て言う小さなお社に祀られちょるよ、でも首はお釜の下に……」

その時、下の方から賑やかな話し声が聞こえてきた。立ち上がって覗いてみると麓の廻廊の方から男ばかり5、6人石段を上がってくる。

寅吉は慌てて神霊の方を振り返ったが既に影も形も失せていた。

（ありゃー）

と思う間に新手の参拝客たちは石段を上がりきって寅吉の前に現れた。近隣の町内会か何かの群れのようだ。彼らは寅吉をほぼ無視して一斉に拍手を打って拝み始めた。

（チキショー、とんだ邪魔が入った）

さっきの神霊との会話はまだ途中だった。また出てこないかと、寅吉は参拝客の男たちが去った後もしばらく「岩山宮」の前で待ってみた。「おーいミミタケヒコ君！」と呼んでもみたが、どうも出て来そうにない。考えてみればさっきのはオカルト体験、水木しげるの漫画を地でいくような体験ではないか……寅吉は自分に言い聞かせた。

（これは夢ではない……俺は正気だ！　これは事実なんだ！）

（四）

夏休みが終わり寅吉は東京生活に戻っていたが、吉備津神社で遭遇したあの少年姿の神霊のことはずっと脳裏にあった。だが簡単に他人（ひと）に話す気にはなれなかった。うまく話せそうもなかったし、大切な秘密を守ることが何やらカッコよく思われたからでもある。特に都会の人間に対して漠然とした優越感を持つことができた。

（これは誰にも教えてやらんぞ）

駅などの雑踏で黙々と行き来する都会人たちを見ていると益々そんな気分になる寅吉であった。

しかし大学構内に入ると少し気分も変わる。誰かと秘密を共有したいような気もしてくるのだ。真っ先に候補として思い浮かんだのはあの淡海俊郎であるが、いささか難物だ。やはり幾分（いくぶん）気がひける。この「宿敵（ライバル）」に当たる前に寅吉は「叩き台」として尼子国代（あまこくによ）という史学科の同級生に話してみることにした。

尼子国代は山陰の名族の子孫らしく地元の高校では生徒会長だったとのこと、パンツルックがトレードマーク。美人ではないが肉感的、性格も陽性で同級生たちからは〝お国さん〟と呼ばれて親しまれていた。寅吉も同じ中国地方出身のよしみで親しかったが、特に好みのタイプではなかったので「女性」としては見ていない。彼は国代からサークル活動の「民俗学研究会」に誘われて付き合ったこともあったが、その研究会は辛気臭くて寅吉の性に合わず既に脱落している。

ある日寅吉は適度なタイミングをとらえて国代に声を掛けた。

「お国さんちょっと聞いて欲しいことがあるんじゃが……ちょっとえぇかな？」

それは「民俗学概論」という講義の後の教室でのことだ。女子に人気のある講座である。いつも愛想のいい国代は「へぇ、なんでがんしょ？」と江戸っ子風に気安く応じたので、二人は人気の失せた教室で机越しに会話を始めた。

「……岡山の吉備津神社って知っとる？」

「もちろん知ってるよ！　行ったことあるし」

「うん、実はこの夏にね、その神社で不思議なことがあってね、」

「なになにー？」

「いや……神様が出てきてね、中学生の制服着て。そんで色々話したんよ！」

「……」

「いや、本当なんじゃ！　吉備津神社に岩山宮っていう所があって……」

後はかくかくしかじか。寅吉が汗を掻き掻き語る体験談を国代は黙って拝聴していたが、数分聴いてから

「寅さん、ちょっとごめん！　つぎ語学があるんよ……面白い話だし続き聴きたいけどまた今度にしよっ！」

と申し訳なさそうに話を打ち切らせた。だが席を立つ前に国代は前向きな提案をしてきた。

「寅さん、あたし思ったんだけど、今の話は宗教学やってるヒミコ先輩に聴いてもらったらいいよ！　あの人はその手の話詳しいし、」

「ヒミコ先輩？　あの人苦手なんじゃが……」

その先輩は宗像日美子といって一学年上だが、新入生の世話役をしていたし長身でそこそこ美人だったので寅吉らの学年ではよく知られていた。また女子学生には珍しく政治好きで、例によって左翼懸かった学生自治会にも乗り込んで堂々と議論したりするので異彩を放っていた（右翼団体の送り込みではないか？　との噂まであった）。

「大丈夫！　あたしが一緒に聴いてあげますって。今度の『史学概論』の時に段取り決めよ！　ではまたっ」

てな調子で話を切り上げ尼子国代は駆け去って行った。パンツルックで駆けて行く国代を見送りながら寅吉は思うのだった。

（あいつも市川房枝みたいになるかもな……）

数日後、Ｗ教授の「史学概論」があった。例の淡海も最前列に座っている（今や彼の指定席と化していた）。寅吉は国代を探すと向こうで手を振っているので伺候する。国代は「先輩ＯＫよ！　寅さんいつがいい？　ってか、明日の夕方空いてる？」と勝手に段取りを決めつつある。「えーと」と手帳をめくっているとＷ教授が入っ

てきた……。

「明日の夕方」というのは「哲学研究会」というサークルの会合のことだった。聞くところによるとそれは毎回輪番で誰かが好きなテーマで発表をし、それをネタにゲスト（院生など）を交えて談論する会らしい。ヒミコ先輩はこの会の常連だったので国代はこの日時を選んでアポを取ってくれたのだ。サークル活動嫌(ぎら)いの寅吉だが他に用がなかったので国代の仰せに従うことにした。

ちなみにその日のW教授は歴代の「天皇」について四方山話をしていた。淡海などの喜びそうな話題だが、この日のW教授は珍しく学生をからかいもせず終始神妙であった。


翌日の夜、寅吉と国代は先輩のヒミコを交えて大学近くの喫茶店にいた。フォークソングが流れるその店は文字通り『学生街の喫茶店』、高等遊民たちのたまり場である。席は違うが他にも数組の研究会メンバーが店内にいる。夕刻の「哲学研究会」の2次会みたいなものか。寅吉は初めて会合にオブザーバー参加したのだったが、内容が高等過ぎてほとんど付いていけなかった。その日のテーマは「フランスの現代思想」だったが、ゲストの院生がサルトルだのレヴィストロースだの引用してやたら茶々を入れるので耳障りだった。ヒミコ先輩もそう思っていたらしくカフェ・オ・レを飲みながら小声でこう切り出した。

「二人今日はよく来たね、でも今日の会は面白くなかった。実存主義とか構造主義とか、なんか言葉遊びに嵌(は)まってる感じしない？」

「先輩もそう思った？」と上目遣(づか)いの国代。ヒミコの答えて曰く
「ここだけの話だよ！　やっぱ『哲学』って所詮(しょせん)頭の体操なんだよ。もっと感性に……ってかわれわれの魂(たましい)に触れる研究をしなきゃ！　って私なんかは思ってる」

「そんなこと言って大丈夫なんすか？　会の人に聞こえちゃいますヨ」と周囲を気にする寅吉。

「ここなら何言ってもいいのよ！　学外だし」

「あ、なーるほど……」寅吉は少し気が楽になった。

「ところであなた何の話だっけ？　お国ちゃんからぜひ聞いてやってくれって言われたんだけど、」

ヒミコが二人の後輩を見比べながら本題に入ってきた。国代がフォローする。

「先輩お時間頂いてありがとうございます！　寅吉くんはすごい宗教体験したらしいんです、でも誰も信じてくれないんであたしに聞いてくれって……。で、ちょっとだけ聞いたんですけどなんかすごいんです！　普通の人には理解できそうにないけどヒミコ先輩ならって……」

（おいおいそんなこと言ったか？）と寅吉は国代の饒舌にあきれたが、任せた以上大人しく出番を待った。

そして、いざ寅吉が己（おのれ）の体験談を語り出すとヒミコは熱心に耳を傾けてくれた。国代の方は先日途中まで聞いているのでこの日は色々問い質したい様子だったがヒミコに倣（なら）って沈黙を守っている。その間15分くらいだったが、寅吉の「怪奇談」が一段落したところで早速（さっそく）国代が口火を切った。

「吉備津神社ってすごいパワースポットだよね！　出雲大社よりすごいかも」

ヒミコが続いた。

「でもパワーを感じられる人はとても少ない。その『地主神』の使いにしても寅吉君を見込んで出て来たのよ、霊感能力（スピリチュアルアビリティ）ありとね。きみの『伯父さん』もそうだったんでしょ……」

「そうなんでしょうか」と寅吉。国代が彼を小突いた。

「きみ、褒めてもらったんだよ！　先輩にお礼言いなさい」

「ありがとうございます」と寅吉は言われるままお辞儀をしてから

「あの、僕の話信じてもらえますか？」と恐々（こわごわ）訊ねた。

「もちろんよ」とヒミコ。

寅吉はホッとして「あの、先輩は吉備津神社行ったことあるんすか?」と問うた。


「あるわよ」

ヒミコは即答してから続けた。

「私は今までこれは! と思う神社はほとんどお参りしてる。どこどこか当ててごらん」

(なんじゃ、えらいこと聞いてもうた……)

「えーと、まず伊勢神宮」と寅吉。

「それは当然」とヒミコ。

「出雲大社とか!」と国代。

「もちろん」

「明治神宮は?」と寅吉。

「そんなの誰でも行ってるよ! まぁ〝神宮〟と命名された神社はほとんど行ってるわよ。きみ、日本に〝神宮〟って何ヶ所あると思う?」

「……」

寅吉は答えようがなく隣の国代の顔を見たが、国代も笑ってごまかしている。二人を眺めていたヒミコが笑い出した。

「ハハ……実は私もよく知らないんだ! 今調べてるところ。ごめんね!」

さすがにからかいが過ぎたと反省した様子でヒミコは真顔で話を戻した。

「で、その吉備津神社だけどね、お国が言う通り出雲大社並みのパワースポットだと思う、私も」

「いや、出雲大社よりすごいかも、」と国代。

「なんで？」と寅吉。

「だって、あそこは人が多過ぎて神様が感じられにくいもの。吉備津の鳴釜神事みたいなんもないし……」

「でも、出雲には毎年全国の神様が集まるからすげぇパワーがあろう？」

「そりゃあ神迎えとか神在（かみあり）祭とか毎年賑々しくやってるわよ。でもそれこそ賑やか過ぎるのよ！　人のパワーばっかり」

　ヒミコが割って入る。

「まま、お国さん、あなたも天穂日（アメノホヒ）の子孫でしょ？　自分の氏神を卑下しないで！　出雲には他にもたくさんの神社が有るじゃない、須佐神社とか八重垣神社とか」

「よく知ってますね！」と国代は嬉しそう。

「そりゃそっちの勉強してんだもの……いや、だから出雲のパワースポットって言ったらむしろ須佐や八重垣よ！　大社はお城みたいなもの、いや式典会場かな？　とにかく出雲の神々のパワーは郊外に行かないと体感できない……でも出雲大社は出雲の看板として偉大なんだよ！」

　寅吉が質問した。

「あのー先輩、つまりぼくは吉備津神社のパワーを身をもって証明した、わけですね？」

「そういうことよ」とヒミコ。

　彼女は続けて釘を刺した
「でもきみ、分かってると思うけど、あまりペラペラ他人に喋（しゃべ）っちゃダメよ！」

「喋る気はないっすよ……今夜だけです、喋るのは」

「そうね、今は時代が悪いから……そう、21世紀にはまたスピリチュアルな時代がきっと来る、人智を超えたものの存在を思い知る時代がね。その時までは自分の霊感を磨きながら大事に仕舞っておこうね……」

ヒミコの言葉はまるでどこかの教祖のようでちょっと神憑（かみがか）っていたが、その不思議な説得力の前に後輩二人は黙って頷くのみ。

いつしか店内には「蛍の光」が流れていた。

（五）

70年代も後半、王貞治が本塁打世界一となり長嶋巨人がV2を達成した年、寅吉は4年生になっていた。彼の大学もいよいよ「蛍の光」が流れる喫茶店よろしく、寅吉たちの卒業をもっての閉学が迫っていた。教官たちの再就職先も大体決まっていたが、移転反対派のW教授などは移転先の新大学には目もくれず地方の小さな大学などに去りつつあった。

寅吉は卒論のテーマを『神話から読み解く古代吉備王権』と掲げて意気込んだ。が、たちまちつまづいた。というのも研究室の指導教官である近衛史丸（このえふみまる）助教授と考え方が合わず、筆が止まったままだったからである。日本神話の原典『古事記』『日本書紀』（併せて「記紀」と称する）についての研究は既に出尽くしの観もあったが、新進の某リベラル学派が全く新しい記紀解釈を唱え始め、寅吉も感化を受けていた。しかし指導教官の近衛助教授は保守的で、さすがに皇国史観ではないが戦前以来の記紀解釈を戦後の考古学的知見で補強するだけで、寅吉の信奉するリベラル学説など異端視するのだった。

参考までに詳述する。ここで〝戦前以来の記紀解釈〟というのはつまり「津田左右吉史観」による解釈と言う意味で、まず「神代史」を史学の研究対象から外す。『古事記』でいえば第二巻の「神武天皇記」以降を研究対象とするが、厳密にいえば6世紀初めの継体天皇より前の記述についても信憑性に乏しいと見る。逆に言えば、「継体天皇記」以降については信憑性を認め、『日本書紀』の聖徳太子や大化の改新の記述を額面通り受け取るのが「津田史観」と言える。

この「津田史観」に対して戦後東大の坂本太郎などから「主観的過ぎる」と批判が起きていたが、70年代になるとさらに斬新な記紀解釈が出て来た。それがここで言う「リベラル学説」だが、簡単に言うと、『古事記』と『日本書紀』を成立過程の違いから峻別し、『日本書紀』の「推古天皇」以降については藤原不比等による政治的捏造と見なすのだ。この説でいくと「聖徳太子」も「大化の改新」も鵜呑みにできなくなる。まして「継体天皇」より昔などほとんどおとぎ話に過ぎなくなるのだ。ただ『古事記』については、藤原不比等の政治的介入から免れているとして、『日本書紀』より高い史料的価値を認めている。「吉備国平定」の記述なども、『古事記』なら辛うじて研究対象たり得るわけだ。

寅吉はこの「リベラル学説」に感化されていた。だから『日本書紀』を信用せず専ら『古事記』のみ引用するので指導教官の近衛助教授から注意される。というのも、古代の「吉備国平定」について『古事記』と『日本書紀』では記述内容がかなり違うのだ。近衛助教授の言い分は、「津田史観」によれば「正史」たる『日本書紀』の方が「正しい」のにこれをあえて無視して『古事記』のみに依拠するのは偏向だ、ということだった。

ちなみに『古事記』においては、第7代孝霊天皇が子の大吉備津日子命と若日子建吉備津日子命を針間（播磨）経由で吉備国に派遣したとある。そしてあの「耳建日子」も『古事記』にのみ登場するのだ。一方の『日本書紀』によれば、第10代崇神天皇の御代に任命された「四道将軍」のうち「西道」を担当したのが吉備津彦（「大」が抜けている）だったと記されている。ついでに言えば『日本書紀』では吉備津彦が出雲地方にも進軍してこれを制圧した、とある（神代史の「国譲り神話」と明らかに矛盾する）。

「古代吉備王権」について語ろうと思えば、こうした『古事記』と『日本書紀』の矛盾をどう解釈するか解答を示さなければならない。これが寅吉と近衛助教授の確執の背景だった。


寅吉はフィールドワークと称して記紀の舞台などを見て回ることで卒論の鬱屈から逃れようとしていたが、そうそう金と暇に余裕があるわけではなかった。それでも夏休み、あれこれ工面して久々に淡海俊郎の在所を訪ねた。

淡海は元々喘息の持病があったところに多量喫煙の不摂生が祟って2年生の冬に肺炎を患い、休学して実家で療養した。一度復学したが冬になるとまた悪化し、再び休学して千葉県の鴨川にて転地療養……以来半年以上が経っていた。

東京から国鉄外房線で普通電車を乗り継いで3時間弱、寅吉は初めて安房鴨川駅に降り立った。外房線と内房線がぶつかる街が鴨川だが、太平洋に正対しているだけあって東京より日差しも明るい。いや単に高層建築が無い所為だろうか？　とにかく健康にはよさそうなところであった。


「おう、元気か？」

「なんだ、寅さんか！　よう来たな」

「いや、卒論で教官と対立しちまってね、気晴らしに来たんだ。南房総は初めてだしな」

「いい所やろう？」

「あぁ、空気がいいな……体調はどうかね？」

「ハハ……禁煙しちょるからな……農作業なんかもできよる」

淡海の顔色はよかった。そこでは篤志家の支援で宿舎付きの農場が営まれており、彼は半農半Xをモットーに半日軽い農作業、後は近所の禅寺で修行したりしている。自給自足生活で食費はほとんど掛からないらしい。とにかく東京での不摂生な生活態度を改めないと命は無いぞと和尚に脅されているとのこと。

「教官ていうのは近衛か？」

淡海は一応史学科だから研究室の情勢には通じている。近衛史丸助教授については自称保守派の淡海もあまり好んでいない。

「体制派だからな、あれは」

「お前は体制派やないんか？」と寅吉がからかうと、

「保守派と体制派は違うっちゃ！」

「どう違うんじゃ？」

「〝保守派〟言うたら伝統て言うか真のおほみこころを守ろうちゅう立場、はっきりとした理念がある！　〝体制派〟は只の日和見だよ、近衛とかの移転賛成派のこと！」

「おほみこころって何？」

「知らんのか！　おほみこころと唱えますは、畏れ多くも帝（みかど）の御気持！　もっと正確に申しますれば、代々の天皇が我々国民のために神々に祈りを捧げてこられたその……」

淡海はそこで急に咳き込んだ。久々の熱弁が肺に負担だったか、寅吉は「すまん」と陳謝して話題を変えた。

「そりゃそうと……キャンディーズが引退しちゃうね」

「それがどした？　あんさんもファンやったん？」

「いやお前とは違うよ……でも伊藤蘭なんか僕らとタメやんか」

「ふっ、俺ぁこまどり姉妹の復活に期待するぜよ！」

淡海が隠れキャンディーズファンであることは親しい寅吉は知っていたが、〝保守派〟を標榜する淡海は人前では懐メロファンを気取る。芸能界の話題で興奮してまた咳き込まれても困るので寅吉はまた話を戻した。


「ところでなぁ、『古事記』と『日本書紀』、どっちが正しいと思う?」

寅吉は卒論を進めるうちに嵌まった『記紀』研究のリベラル学説について淡海からの賛同を得たかった。

「うん、『古事記』って言って欲しいんだろ?」

と淡海はお見通しだと言いたげな物言いでさらに加えて曰く
「『日本書紀』は藤原氏の捏造がかなり含まれてるごたる」


「そうそう、そうなんだよ！」と寅吉は気勢を挙げた。そして続けた。

「淡海センセイは神武以来の天皇の名前覚えてたよな?」

「〝神武〟〝綏靖〟〝安寧〟〝懿徳〟〝孝昭〟……」

「分かった分かった！　全部言えるんか?」

「いんや……平安朝の初めまでだな。『三代実録』の時代、清和天皇まではほぼ言える！　言っちゃろうか?」

「いやいいよ」

寅吉は作り笑いを浮かべながらさらに踏み込んだ。

「なぁ淡海、本当のところを聞きたいんだが……」

「なんだ?」

「あのさ、昔から〝欠史八代〟とか創作話（ばなし）とか言われたりするけど〝天皇〟って本当はどの辺から実在するんかな？　例えば大吉備津彦命の父親、第七代孝霊天皇なんか本当にいたんかな？」

日本古代史ではおなじみの論点だったが、かつて博学で鳴らした畏友淡海俊郎の今の見解を寅吉は聞きたかった。

淡海は微笑を浮かべてはぐらかした。

「今度はなんて言うて欲しいんだ？　あんさんの都合も聞かにゃ答えられんよ、ハハ……」

「……」

相変わらず人を喰ったような淡海の返答。寅吉は一瞬失望し、そして反省した。

（いや、いかにもこの男らしい返答！　我ながら愚問だった……）


その晩寅吉は淡海の在籍する農業法人の宿舎に特別に泊めてもらった。プレハブの飯場（はんば）だったが賄い（まかない）人もいて東京のアパートより居心地はよかったし、一宿一飯の接待はありがたかった。
・・・
同居人たちのささやかな酒盛りにも呼んでもらった寅吉は、御礼に歌でも、というわけで淡海の好きそうな海援隊を歌った。その意気に感じてか淡海は十八番（おはこ）の「湯の町エレジー」を披露した。

〽伊豆の山やま　月あわく
灯（あ）かりにむせぶ　湯のけむり
ああ初恋の　君をたずねて
今宵また……

寅吉は淡海の体調を気遣い合いの手を入れた。

「こらぁ！　無理したらアカンちゃ、お前も普通の男の子に戻らんか！」

卒論には難渋したが寅吉は何とか大学を卒業できた。あの淡海の返答で何となく視界が開け、たかが卒論！と割り切りリベラル学説を捨てて書き上げたのが奏功したのだ。寅吉たちの卒業と同時に「母校」も予定通り閉学した。

後日談になるが、〝鬼才〟淡海俊郎は結局大学には戻らず鴨川で結婚して学習塾を開いたりしていた。しかし生来虚弱だったのか、平成になってまもなくA型インフルエンザが重症化し、「牛頭天王」の御守護も験（しるし）なく急逝した。享年37。寅吉が遠路葬儀に駆けつけたことは言うまでもない。

（六）

時は流れて21世紀も17年目（平成29年）のこと。北朝鮮からのミサイルが何発も近海に落ちる中、政界では野党総力挙げての「モリカケ」問題追及も何のその、〝一強〟と言われる世襲総理の長期政権が継続していた。秋も深まったある日の夕刻、岡山のとある私立大学で「特任教授」をしている寅吉は研究室で郵便物などの整理をしていた。

寅吉は大学卒業後なぜか普通のサラリーマンになったが30歳の頃一念発起、伝手（つて）を頼って地元岡山の私立高校に教職を得た。元々歴史は得意だったので「社会科」教師としては好評を博し、余暇の郷土史研究なども認められて還暦間際に今の大学の特任教授となった。すでに希少価値のある出身大学の名前が効いた側面もあろうか。ともあれここに来て4年、還暦を過ぎた寅吉の髪はグレーに変わっていた。

さて寅吉は研究室に届いた見慣れぬ郵便物を手に取った。差出人は「むなかたひみこ後援会」、添え書きで〝尼子国代〟とある。開封してみれば案の定政治資金パーティーの案内、会場は岡山駅前のGホテルとのこと。寅吉は渋面になった。

（もう選挙はゴメンだぜ……）

ちょうどそのとき寅吉のスマホが鳴った。当の尼子国代からであった。こういう〝偶然の一致〟には意味があると信じる寅吉もさすがに今日は電話に出たくなかったが……

「……はいもしもし」

「寅吉先生こんにちは！　今だいじょうぶ?」と国代。強引なのは昔からである。

「うん、今ちょうどお国先生から来たパーティ案内状を見てたところだよ」

「そりゃ偶然ね、ぜひ来てよ！　ヒミコ先生も寅さんに会いたがってたし、」

「次の参院選ですか?」

「そうよ！　神社界が総力で応援してくれるから今度は強いよ。」

「神社って……吉備津神社もかぃ?」

「もちろんよ、『神道政治連盟』がバックに付いてるんだから！　そうそう近衛先生も東京から来るんだし、今度の岡山のパーティは来なきゃダメだよ！　ついでに広島にも来て欲しいけど、」

（ちょっと待ってくれ……）

尼子国代（既婚なので戸籍上の姓は違うが）は大学卒業後、地元山陰の新聞社に入って記者として活躍した。

出産を機に一旦退職したが、元来活動家なので子育てが一段落すると系列の出版社に復職して営業を始めた。広告宣伝などの営業で大学時代の人脈を駆使していたが、やがて先輩のヒミコこと宗像日美子に密着するようになった。

宗像日美子（バツイチで旧姓に戻っている）は学生時代からカリスマ性を帯びていたが、実家が神社だったらしく大学卒業後伊勢の神官養成校に進み、縁有って某神道系教団に嫁いだ。しかしまもなく彼女は「神憑りした」と言ってその教団を飛び出し自ら新しい教団を立ち上げたのだが、某大物代議士との関係が週刊誌で取り沙汰され、そこそこ美人だったこともあって一躍有名になった。その「大物代議士」を通じて自民党の支持団体「神道政治連盟」にも参画、挙句に彼女は自分の教団をテコに国政進出まで伺うようになる。実際4年前初めて参院選に自民党から比例選挙区で出たが惜敗、捲土重来を期して政治活動を開始していたのだ。

宗像日美子(ヒミコ)の政治活動で中国地方を担当するのが実は尼子国代であった。なるほど気が付けばとっくに出版社は辞めて県議会議員になっていた。さすが名族の出身だけのことはあるなと寅吉も一目置いたものである。

しかし、今日はその尼子国代のマシンガントークに寅吉は若干の抵抗を試みた。

「少し安くはならんのかな？」

ダメ元でパーティー券代を値切ってみたところ「何とかする」と言う。結局断り切れず「行きます」と寅吉は返答して電話を切った。前回落選の苦杯を乗り越えパワーアップしたであろうヒミコの顔は見たいと思ったが、あの近衛先生も来るという。この恩師、今では保守派論客重鎮としてテレビにも出てくるが、寅吉は相変わらず苦手である。

そりゃそうと国代は「神社界が総力で応援」などと言っていたがかなり誇張があるだろう。「神道政治連盟」

にしても全ての神社が関わっているわけではなかろう。あのヒミコの経歴からして神社界に顔が効くのは分かるが、慣れ親しむ吉備津神社など想う限り表立って国政選挙に関わるような気配はない。

（やっぱり今回はやめておこうか……いや、）

寅吉はその吉備津神社に参って占ってみようと思った。

研究室を閉めての帰り際、寅吉は研究棟の最上階に上がった。その西側窓からは天気が好ければ吉備の中山が見える。ここで中山を眺めて考え事をすると不思議に妙案が生まれるのだが……今日も沈む夕日を背に中山の黒影が拝めた。寅吉は考えた。

只今の政治だの選挙だの、悠久の歴史から見れば些細（ささい）なこと……そうそう、俺は神様に会うたんじゃ！　あの体験が俺の人生に与えた影響は小さくない。一方でかつて「スピリチュアルな時代」の到来を予言していたあのヒミコ先輩も、長年「神」を語ってきながら今は俗物そのものじゃが！　国代にしても何のために歴史を勉強したんか……本来出雲は反骨の地のはずじゃが？　いや、俺の信条を押し付けちゃいけん……でも俺は確かに神様に会うた。少しは威張ってもよかろう……。

寅吉は岩山宮で出会った少年神（ミミタケヒコ）の言葉を思い出していた。

吉備の中山

〝ここの氏子はみんな知っとるよ〟

〝君のおじさんはいい人だった〟

（そうだ、吉備津神社もいいが、久々に伯父の墓にも参っておくか……）

西空は黄昏(たそがれ)て暗くなり、吉備の中山もほとんど闇に紛(まぎ)れてしまったが、その残像を想いつつ寅吉は一首詠んだ。

吉備津宮　釜の下なる　鬼の首
しかと吼(ほ)えよと　岩山の神

（了）

「吉備津神社」青木毅（和気町在住）画

遙かなる天神山城

今西宏康

一、厭離穢土

天上影は替わらねど　栄枯は移る世の姿
写さんとてか今もなお　鳴呼荒城の夜半の月

日本を代表する歌曲『荒城の月』中の〝荒城〟については陸奥仙台の青葉城址とも豊後竹田の岡城址とも云われるが、他にも多くの説があって巷間喧しい。結局日本各地に数多の〝荒城〟が史跡として残っていて、それぞれに思いを馳せる地元民が数多くいるということだ。

かつて備前国和気郡にも〝天神山城〟という山城があった。立地は吉井川中流域左岸で現在の和気町田土、国道374号線沿い、標高約400ｍの天神山山頂に城址がある（岡山県指定史跡）。峰伝いに1㎞近く連なる「連郭式山城」の典型、中世の名残を留めた山城だ。築城したのはここ東備から西播、美作にまで一時覇を唱えた戦国大名浦上宗景、一代限りの城主であった。

そもそも浦上氏というのは、「古今和歌集」編者として著名な10世紀の歌人紀貫之を祖と称し播磨国浦上荘（現兵庫県たつの市近辺）を本拠とする古豪である。中世には播磨国守護赤松氏に〝守護代〟として仕えた。その後応仁の乱時の当主浦上則宗（のりむね）は主君赤松政則に従って東軍（細川勝元側）に属して戦った。やがて戦国時代になると主家赤松氏の衰えを見、則宗の甥の子に当たる掃部助村宗（かもんのすけむらむね）がついに下克上を決行。すなわち、浦上村宗は永正十六（1519）年居城である備前三石城に籠もって主君赤松義村に宣戦し、翌々年これを討ち果たしたのである。しかし名門赤松氏は幼い当主政村を立てて浦上氏に対抗し、結局東備では赤松対浦上の二重権力状態がしばらく続くこととなった（こののちこの地方では岡山藩池田家の入府まで約百年にわたり動乱のドラマが繰り返される）。

さて天神山城の築城主浦上与二郎宗景は村宗の次男として永正九（1512）年（異説あり）三石城に生まれた。異母兄に与四郎政宗がいる（生年不詳）。彼等の父村宗はその後室町幕府管領の細川高国と結び畿内にも進出する様になった。村宗は高国と細川家家督を巡って争う細川晴元一派と各地で交戦している。

享禄四（1531）年三月、摂津大物（だいもつ）で高国・村宗軍は晴元・三好元長・赤松晴政（政村から改名）の連合軍に敗れた。この戦（大物崩れ）で運が尽きたのか村宗は戦死。遺骸は三石城に運ばれ、異腹の兄弟がこの時

天神山

は協力して播州書写山円教寺で亡父の追善供養を執り行い、和気郡木谷村に葬った（このころ兄弟は揃って播州の室津城に居た）。しかしまもなく家督争いが起こる。と言ってもこの時は単なる家督争いというより、むしろ東備に北から進出してきた尼子氏との関係を巡る一族内の路線対立から争いに至ったものといえる。

結局兄の政宗は尼子と結んで西播磨、弟宗景は反尼子の旗を掲げて東備前と、父村宗の遺領を折半して分裂した。宗景が和気郡天神山に拠点を移したのはこの時である（１５３２年頃）。当時宗景は二十歳そこそこであったはずだ。

天神山は吉井川を西に見下ろし北方は急斜面。天然の要害であり播磨・備前・美作の三方に向かって進出しやすい扇の要的地点にあった。『備前軍記』によれば、ここに宗景を誘ったのは大田原、日笠、明石など俗に「和気六人衆」と称される天神山周辺の地侍たちである。彼らは村宗のころ浦上家に臣従したいわば新参の面々。村宗没後の浦上家分裂に際し、次男の宗景を神輿に担いで和気郡に戻って来たというのが実態らしい。

和気六人衆の中でも筆頭に挙げられるのが日笠氏で、末裔は現在も和気町日笠に健在。仙田実氏等の研究によれば日笠氏の遠祖は8世紀の坂上田村麻呂に遡り、若狭から大和を経て鎌倉時代初期源頼朝の命で備前国和気郡に土着したとのこと。この日笠氏の拠点「青山城」が「天神山城」の原点となった（現在和気町木倉にある「和気美しい森」から尾根を少し奥に入った「太鼓丸」がそれらしい）。宗景の入城以後尾根伝いに徐々に増築されていった典型的な山城だが、「太鼓丸」から奥へ順に「飛騨の丸」「本丸」「百貫井戸」「桜の馬場」などの遺構が旧佐伯町田土の集落手前まで続き往時を偲ばせる（次頁地図参照）。

信州川中島で信玄と謙信の合戦が始まった天文二十二（１５５３）年頃になると、赤松氏や室津の浦上家（政宗）の他西備前の強敵松田氏も衰えを見せ尼子も山陽から手を引いた。このころから天正初年にかけてが天神山城の盛りであっただろう。備前全域から播磨、美作の一部までを一時期勢力下に置いた宗景の処世術は一面毛利に似ており、好んで侵略の兵は出さず守りに徹して民力涵養を優先した。結果、領内は比較的平穏であったろうが、下克上の嵐には弱かったとも言える。

ここで天文二十二（１５５３）年を採り上げたのは、この年宗景が美作高田（現真庭市勝山）へ侵攻してきた尼子晴久を辛くも撃退しているからである。山陰の雄尼子軍は強く、宗景はまともに戦えば勝てないとして徹底して守りの戦に終始。持久戦に疲れた尼子の撤退を待って一撃を食らわすなど駆引きは上手かった様だ。この戦を最後に尼子晴久は美作遠征を手控える様になる（永禄八（１５６５）年に尼子軍が美作東部（林野）の後藤氏三星城を攻めたという記録が最後）。尼子を当てにしていた室津の兄政宗や御津金川の松田氏が衰微したのはこのためと言ってよい。

宗景の名を上げた作州高田の合戦を見ると彼の用兵術が見て取れる。すなわち宗景はあの「和気六人衆」を始めとする和気郡の旗本衆と、中山・宇喜多・島村ら邑久郡の外様を使い分けていたことが分かるのだ。作州高田の合戦で尼子軍と白兵戦を展開したのは美作の後藤軍らと西播磨の宇野軍ら。「和気六人衆」ら旗本衆は結局ほとんど無傷で温存され、邑久郡の外様に至っては人質を取った上で遠征させず御津郡からの松田の来襲に備えさせた。と言うのも邑久郡の外様たちには犬島海賊なども含まれ、連中はいつ裏切るか分かったものではないという不安があったから

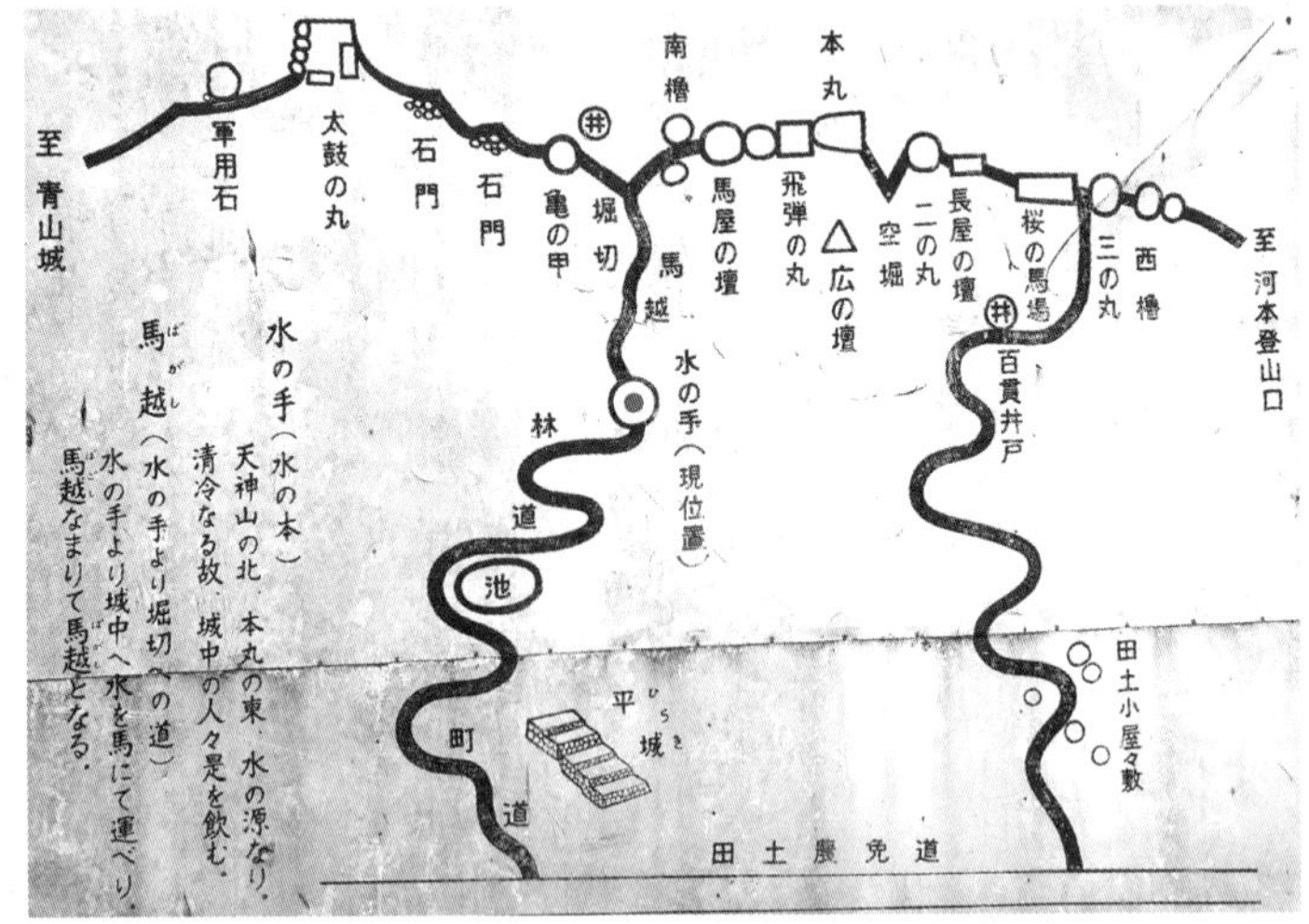

天神山城案内図

である。辛うじて邑久乙子城主宇喜多直家だけが腹を割って話せる配下だった。

その後年号が天文から永禄に替わった頃、案の定邑久郡高取山城の島村豊後と沼城の中山信正が備中の三村氏に加担するという噂（うわさ）が流れた。宗景は用心深く見守っていたが疑いは晴れない。永禄二（１５５９）年になると宇喜多直家が宗景に島村討伐を持ちかけてきた（そもそも島村豊後（貫阿弥）は天文三年直家の祖父宇喜多能家（よしいえ）を討った仇敵）。そこで宗景はついでに直家の岳父中山備中守信正も誅伐できるかと下問した。直家の忠義心を試したのだが、直家は「主君の御為（おんため）とあらば……」とこれを受託。まもなく計略を以て直家は島村、中山を同時に討ち取り邑久郡を平定した。宗景に〝借り〟を作らせたのである。

浦上宗景と宇喜多直家の主従関係が破綻するのは永禄九（１５６６）年以降である。この前年直家は西から備前に侵攻を始めた備中松山の三村家親を刺客を使って暗殺、結果三村勢を撃退した。直家の声望はさらに高まったが、彼の謀殺主体の戦法は主（あるじ）の宗景を恐れさせもした。自分の舅（しゅうと）をも平然と討つ宇喜多直家がいずれ浦上家を脅（おびや）かすのは必定と悟った宗景は、毛利や織田といった巨大勢力を頼って天神山城を守る戦略を練るに至る。

宗景と直家については『備前軍記』『和気郡史』等に加えて津本陽の小説『宇喜多秀家・備前物語』に詳しく描かれている。ただ、津本の小説においては浦上宗景は脇役で、〝戦国三大梟雄〟の一人宇喜多直家の後塵を拝している。確かに直家の方が個性が際立つのだが、宗景も決して凡将ではない。すでに天文年間に鉄砲を使い始めた形跡もあり、先見性はあった。（鉄砲といえば若い頃の明智光秀なども使い手だったと云われるが、光秀に象徴される〝敗者の美学〟といったものが宗景にもありはしないか？）。

話を戻すが、永禄十（１５６７）年頃になると東備にはかつての尼子以上に脅威となる織田信長の影が差してきていた。浦上氏も分裂争いしている場合ではなく兄弟はこのころ既に和議を結んでいたが、弟宗景が優位なことは明白で、実態は兄政宗の降参であった。あわれにも政宗はまもなく嗣子ともども謀殺される。確証はないが宗景の刺客であろう。

天正初年に至ると宗景は名実共に備前の覇者となり、天神山城も最後の花を咲かせていた。宗景や和気六人衆たちも〝春高楼の花の宴〟を愉(たの)しんだと思われる。本来家臣たる直家は主筋の宗景に弓を引くことの不利を悟り、この頃までは面従腹背していたが、下克上の時機到来は早かった。織田と毛利の狭間で生き抜く知力の面で宗景は直家に劣ったといえる。

天正三（1575）年（五年との説もあるが）、毛利に付いた宇喜多直家は決起する。すなわち、謀反の大義名分としてかつて宗景が滅ぼした兄一族の遺児久松丸を播磨から担ぎ出し、〝復讐〟に肩入れすると称して天神山城に襲い掛かったのだ。宗景は織田を頼っていたが当時はまだ毛利の方が優勢で、この時織田は浦上を助けてくれなかった。織田軍の司令官羽柴秀吉が山陽路に派遣されるのが2年ほど早かったら天神山城は生き残れたかもしれない。

直家は抜かりなく調略も済ませており、和気六人衆のうち磐梨(いわなし)（吉井川右岸）の明石氏に加え延原、岡本らを寝返らせていた。六人衆の筆頭格日笠氏のほか大田原、高原といった与党組は防戦したが、勝手知ったる寝返り組はまず日笠氏の拠点青山を襲ってこれを奪った。これを見て日笠氏以外の旧臣は逃げ散り、勢い付いた宇喜多勢は武器庫など城内要所に火を放ち天神山城は猛火に包まれてあえなく落城する。浦上宗景も既に還暦を過ぎた老境にあったが、股肱の老臣日笠次郎兵衛頼房の奮戦で辛くも天神山を脱し播磨に落ち延びたとされる。

その後宇喜多直家は天神山城を使うことなく廃城とした。岡山平野を拠点とした直家にとって重畳たる山城は既に時代遅れであり、実際これ以降彼は中山間地に拠点を設けるにしても、全てコンパクトな「砦」に留めている。加えて察するに、〝逆臣〟直家にとって、旧主の居城「天神山城」はこの世から消し去るべきものであっただろう。

二、欣求浄土

はるばると登れば書写の山おろし
松の響きもみ法(のり)なるらん（御詠歌）

時は天神山城落城の天正三年から25年を経た慶長五（１６００）年秋、関ヶ原合戦直後のことである。播州書写山の古刹円教寺、〝西の叡山〟といわれる天台宗の一大道場であるが、広大な山内の西端近く、奥の院にある〝開山堂〟に吉井坊弁空という老僧が棲んでいた。開山堂とは10世紀に書写山円教寺を開いた性空(しょうくう)上人を祀るべく11世紀初めに創建された廟堂で、六百年間勤行を絶やさず灯を燈(とも)し続けてきた。開山堂の傍には性空上人に終生仕えたとされる二人の仙童（神？）を祀る〝護法堂〟や拝殿などもあり、これらで奥の院を成している。弁空は奥の院の番人として長年法灯を守ってきた老僧だが、一説には永正九（１５１２）年の生まれというから、その通りなら数えて89歳の高齢だ。だが弁空は心身至って壮健で円教寺座主からの信頼も厚く、要職（というよ

円教寺摩尼殿

り誰もやりたがらない）奥の院の番人を長年務めてきた山内の〝鉄人〟と云ってよかった。

標高380mの書写山山頂からは、東南方向に播州平野と播磨灘が、北の方は雪彦(せっぴこ)山と中国山系が望める。残る西方は揖保川、千種川を隔(へだ)てて備前国境の船坂山が望めた。


毎晩の勤行を前に、開山堂裏山の岩場から夕日を拝んでいた弁空の背後から補佐役の修行僧が声を掛けた。

「上人、今日も夕日がきれいですね」

「おぉ宙達(ちゅうたつ)か、一緒に拝むか？」

老僧弁空は孫の様に若い修行僧宙達を後継と目し開山堂その他奥の院の管理をほぼ任せていた。宙達は数年前比叡山から来たのだが、信長の「焼き討ち」後叡山復興普請の頃入山した世代。修行僧として天台の根本道場復興に尽力したが、その後思うところあって書写山奥の院勤めを志願したという。一時はかの難行「千日回峰」を志願していたというからこの宙達、修行僧としては筋金入りである。実は天正年間秀吉の乱入で大きく荒らされた書写山を立て直す使命を帯びて来たのではなかろうか。

宙達は〝赴任先〟に居た弁空という鉄人的老先達の素性に強い興味を覚えていた。備前の侍出身であることまでは分かっているが本人は自分の素性については口を閉ざして語ることがない。他の僧達も仔細は知らないという。


「上人、やはり備前はお懐かしいのでしょうね？」

「はて、何のことかな？」

「またおとぼけを……上人の備前訛(なま)りを聞けば出所はすぐに分かりますぞ。それにいつも西方を拝んでおられる……仔細は存じませんが、故郷を想われるご心情は私にも痛いほど分かります」

弁空は皺(しわ)を寄せて微笑み、謎めいた返事をした。

「……暗きより暗き道にぞにぞ入りぬべき……かの和泉式部に倣(なら)って開山性空上人との結縁(けちえん)を求めたのが天正の頃。爾来西方を拝むのは浄土とやらがそちらにあると信じてのことでな、偶々(たま)備前の方角と重なったまでじゃ」

実は宙達もこの老先達が何者であったのかほぼ察しはついていたが、あえて無理に聞き出そうとはしない。

「そうでしたか……ところで上人、いつもの備前訛りの檀徒が二人揃って宿坊に参っておられますぞ。今宵お会いになられますか？」

「ほう、こんな時刻にかな……よくよくのことであろうな、勤行の後会いましょうぇ……お連れんさい」

西の国境に日は没し奥の院も次第に闇に包まれる中、老僧弁空は六百年間開山性空を祀ってきた法灯の下で宵の勤行を務めた。季節は旧暦九月の末、月明かりが冴える書写山奥の院に件(くだん)の檀徒二名が提灯片手に上って来た。両人とも歳格好は還暦前後、袴姿に脇差一本差した格好は武士か町人か定かでない。しかし言葉遣いは微妙に侍風であった。

初老の檀徒二名は開山堂の階段下でわらじを脱ぎ静かに板の階段を上がって扉を叩いた。

「御上人様、源左と新三郎が参りました」

「お入りんさい」

堂内に棲む老僧の許しを得ると二人は扉を開けて中に入りすぐに錠を下ろした。

板敷きの堂内は正面の燈明と提灯の他、左側に設けられた畳敷きの一角に燭台があって人の顔はよく見える。二名の来客は痩身の角顔と小太り赤ら顔でどちらも特徴ある人相。一方、堂の主弁空は翁面の如く皺におおわれ眉も髭も真っ白である。柔和な外見ながら時折り鋭い眼光を光らせる。よくここで会うのであろうか二名は勝手知った様子で畳の一角に上がった。四畳半の畳の間は板の間と格子の衝立で仕切られているが、書き物用の机が二台、うち一台は多くの経典や巻物で埋まっていた。四畳半の中央には大きな火鉢が一台、既に朝晩は火の気が恋しい。弁空はその火鉢を挟んで相対する様に二名の来客を座らせた。

「……こんな夜分に押し掛けまして申し訳ねぇです」と小太り赤ら顔の日笠源左衛門。元は和気郡天神山近郷の地侍で、今は児島郡藤戸村の庄屋をしている。

「お屋形さま、関ヶ原のことはおおかた聞いとられましょうなぁ?」とは痩身角顔の高原新三郎。和気郡山間地の北山方村の庄屋だが、やはり元は地侍。そう、彼ら二人は共にかつて「和気六人衆」として浦上家に仕えた旧臣であった。

浦上家最後の当主は彼等の面前で曰く

「宇喜多もやられたそうじゃな……」

日笠源左衛門がしたり顔で答えた。

「全く因果応報たぁよぅいうたもんですらぁ。石田や大谷に比べりゃぁ運が強ぇが、いずれ捕まりましょうぇ。岡山の城にゃぁ小早川が入る云う話ですら」

弁空は目を閉じて述懐した。

「宇喜多だけでない、因果応報といやぁわしとてそうじゃ。天神山を落とされたんは与四郎（政宗）を滅ぼした天罰じゃろうて……」

高原新三郎が抗う様に曰く
「お屋形、室津の兄さま（政宗）の器量じゃぁ早晩誰かにやられとりましょう……まぁ宇喜多直家にやられるよりゃぁまだましですらぁ。しかしあの直家ちゅう奴はほんに血も涙もねぇ非道者じゃった、業病（梅毒？）で早死にしたんは正に天罰じゃあ……」

「あやつも最期は呆気なかった……じゃが祖父常玖（宇喜多能家）の恨みは晴らしよったな、島村に常玖を討たせたんはわしじゃけぇ！　あれぁ天神山に入って間もない頃じゃった……」と弁空。

日笠源左衛門が話を戻した。

「非道といやぁこのたびの小早川ですら！　まさか土壇場で徳川に付くたぁ……まぁ元を質しゃあ死んだ太閤の仕打ちがよぅなかったんじゃろぅけどが……結局宇喜多から備前を奪い取りょうた！」

高原新三郎が思い出した様に話を継いだ。

「そうじゃ、お屋形！　実はえぇ話があるんですらぁ」

「なんなら？」

「いや、このたび関ヶ原での大負けで宇喜多の家臣連中も逃げ散りよったんで、明石一族やこぅの領地は丸空きなんですらぁ。せぇで小早川が入府して来よぅたら直訴して逃げた連中の領地を浦上に返してもらえんか？と思いましてなぁ……どないでしょうか？」

弁空は再び瞑目して少し考える風だったが、やがて目を開けて冷ややかに答えた。

「……そりゃおえまぁのぅ」

「え、そりゃまたなんで？」と新三郎。

弁空は懐から数珠を取り出して爪繰りながら語りだした。

「……関ヶ原合戦の流れを聞いたか？　宇喜多が天罰じゃぁ云うなら小早川はさらに業が深い。あれで戦死した大谷刑部やこぅの霊に祟られること必定、裏切りの恩賞で貰うた備前に無事に納まるとはとても思えん。考えてみられ、昔から備前ではそねぇな非道者にゃあ天罰が下りよぅた。わぬしらは知るまいが我が父村宗もそうじゃったし尼子、松田、三村……みな因果応報の憂き目を見た。わぬしら覚えていよう？　とどのつまりはわしゃ直家じゃ、末路を見りゃ分かろう？　なんせ備前は、殊に和気は、道鏡を退治したあの清麻呂公が生まれんさった〝清い〟土地柄ぞ！　わぬしらそうは思わんか？　……まぁ領地を取り戻したけりゃあもっとまともなご領主が来たときに願いんさい。備前にゃぁいずれ必ず名君がお出でんさる…」

〝旧主〟たる老僧の予言めいた説諭の前に二名の〝旧臣〟は言い返す言葉がなかった。旧領奪還の思惑を外された両人は顔を見合わせてうなだれるのみであった。


翌朝、書写山の仁王門に近い宿坊で二名の旧臣は帰り支度をしていた。結局前夜は奥の院で旧主の説教を受け続け最後は恐縮して宿坊に引き揚げたのである。

書写山では山内各所で毎朝毎晩勤行が行われており、宗派を異にする彼等もこれには参加していた。旧主浦上氏の菩提寺が元々ここ書写山円教寺だったからである。両人は帰り支度を終えると、宿坊となっている塔頭の住職に心ばかりの喜捨を施し丁重に挨拶をして円教寺を後にした。

山を降りる坂道はいくつかあるが、備前に帰る場合は宿坊から西南に下る六角坂が近いのでこの日も彼らは六角坂を降りて行った。

播州地方特有のアカマツが繁る坂道は表参道の東坂に比べて未整備で歩きにくかった。二人は途中の岩場で腰を下ろし少し休憩した。

岩場といっても苔むした所で、周りには「紋片喰（もんかたばみ）」ともいうカタバミの花が咲いている。

痩身角顔の高原新三郎が見つけてふとつぶやいた。

「カタバミか……宇喜多直家の紋所じゃったな、けたくそ悪（わり）い……」

小太り赤ら顔の日笠源左衛門が続けた。

「そう云われな……ほれ、見られ！　みみずが三匹三つ巴で花を喰いよるが。三つ巴といやぁ小早川の紋じゃ！」

「みみずが花やこぅ喰うか？」

「ありゃ何でも喰うて土を作る！　わぬしゃ知らんのか？」

「ふん、小早川が何喰うかまでは知らんのぅ……お、見られ、揚羽蝶（あげはちょう）じゃ！」

「おぉ、珍しいのぅ今時分……そういや蝶云うたらあの大谷刑部少輔の家紋じゃねかったか？」

「源左衛門どのはそういうのに詳しいのぅ。わしゃ敵味方の紋以外よう知らん」

「なるほど、せぇで宇喜多は覚えとりんさるんじゃな」

「うむ、毛利や織田も覚えちょりますぞ」

「豊臣は？」

「太閤か、ありゃあ五七の桐……猿にゃあ勿体ねぇのぅ」

「こりゃ新三郎、口が過ぎる」

「はは……しかしここ（書写山）は羽柴秀吉に占領されてひでぇ目に遭（お）うたんじゃろ？」

「うむ、ありゃぁ天正五年じゃったかのぅ……三木の別所が毛利に寝返った時じゃ。御着の黒田が慌ててここに羽柴を引き入れよったんじゃ。まぁ太閤もあの時分は織田の先鋒じゃったけぇ敵地で難渋されようたことじゃろう……」

「天正五年？　……したら大神山城が落ちた後かな、せぇならわしらにゃ関わり合いねぇこっちゃな……」

「ねぇこたぁねぇ！　ここにゃぁ既に宗景さまがおいでんさったが、」

「おぉそうじゃった！　お屋形さまはよう助かったのぅ……最初は裸一貫鵤城（揖保郡太子町）に逃げたが、そこも危のぅて結局書写山の太閤に匿うてもろぅたんじゃな！　せぇで出家なされて精進された、隠れ棲むにゃぁ奥の院がちょうど合うちょった……しかし〝弁空〟とは、変わった法名よのぅ」

「わぬしゃ知らんのか、〝弁空〟の謂われはな、当山ゆかりの武蔵坊弁慶と開山性空のそれぞれ一字を……」

旧臣二人の四方山話は尽きることがなかった。

その頃書写山奥の院では当の弁空が境内を箒で掃き清めていた。朝晩は火の気が欠かせぬ時候になっていたが、日中はまだうららかな陽気である。修行僧宙達が山内中央に建つ「食堂」から上ってきた。

「上人、今日はいい陽気ですね」

「おぉ宙達か、もう昼餉は済んだのか？」

「はい、しかし上人は二食（昼餉無し）でよいのですか？」

「拙僧は遠に枯木、貴僧の如き青春の若木と一緒では勿体ない」

「青春の若木？　滅相もない、貪欲なだけでございます。しかしここ（円教寺）の食堂は叡山を凌ぐ大きさ、大勢の僧侶が一堂に会して学問・寝食する様は当山ならではの絶景でございまするな……」

宙達も箒を取って奥の院護法堂（仙童を祀る社）を掃き清め始めた。風に舞い散る落ち葉を集めながらふと上空を見やると、天高く雁が渡るのが見えたが、その視界に白黒紋様の蝶が割り込んできた。宙達は驚いて開山堂の弁空に声を掛けた。

「上人、今どき蝶が飛んでおりますな」

老僧は宙達の指差す方を見た。何やら黒っぽいものが宙を舞っているのが見え、彼は目を凝らした。

「ほう、揚羽蝶か……」

季節外れの珍客をしばらく珍しげに眺めていた老僧はやがて思い出した様にひとりごちた。

「……揚羽蝶と云やぁこのたびここ播州姫路を拝領すると云う池田輝政の家紋……輝政は家康の婿（むこ）じゃから当然関ヶ原では徳川に付いた、播州はその恩賞じゃろうが……よほどうれしいと見ゆるのぅ……」

弁空の独り言に耳を傾けていた宙達が訊ねた。

「上人、池田家とは何かご縁がおありで？」

「いや、縁などない……が、姫路においでんさるなら、早晩ここ書写山にも参られよう。姫路のお城も大きゅうされることじゃろうな……」

「……ところでその……上人が昔いらしたお城は今もあるのですか？」

「はて、なんのことやら？」

薄笑いを浮かべる老僧がふと視線を戻すと、揚羽蝶は既に西の方に舞い去っており、遠く備前国境の空に溶

奥の院からの眺望

け込んでいった。

なお、弁空の没年については分かっていない。その後書写山奥の院常勤についての記録は無いので、宙達も比叡山に戻ったのではなかろうか。

＊

戦国期和気郡天神山城で一時代を築いた浦上宗景については、逆臣宇喜多直家に城ごと滅ぼされたものの播州書写山に逃れて天寿を全うしたとの説が有力である。しかし浦上氏の嫡流が歴史の表舞台に復帰することはついに無かった。ただその支流は岡山藩の支藩である備中鴨方藩の上級藩士として幕末まで保たれた。幕末期京都で活動し国宝『凍雲師雪図(とううんしせつず)』などを残した文人画家浦上玉堂(ぎょくどう)はこの係累である。

（了）

「天神山」青木毅（和気町在住）画

星の郷・美星「星空保護区®」認定申請までの長き道のり
～ローカルの星からアジアのトップスターへ～

石津圭子

井原市美星町　アジア初の「星空保護区®（コミュニティ部門）」へ

井原市美星町は吉備高原の西端に位置する。標高は、およそ400メートル。日本で最初に「光害防止条例」を制定したまちとして、また、その名の通り「美しい星が見えるまち」として全国的な知名度を誇る。近年は、井原市と美星町観光協会が連携して、さらに星が見えやすい環境づくりを推進。「星の郷・美星」を再発信する目的で「星空保護区®（コミュニティ部門）」の認定を目指し、活動を続けてきた。

「星空保護区®認定制度」とは、1988年に設立された「国際ダークスカイ協会（IDA）」（本部・アメリカアリゾナ州／世界18か国64支部）が設けた国際的な制度。「星空版の世界遺産」と称され、光害のない、暗く美しい夜空を保全するための優れた取り組みを世界基準で評価する。2021年4月8日現在、ニュージーランドのテカポ、アイルランドのケリーなど、世界の169か所の地域が「星空保護区®」に認定されている。

この「星空保護区®」は、「ダークスカイ・パーク」「ダークスカイ・コミュニティ」など5つのカテゴリーから成る。
例えば、アメリカの「グランドキャニオン国立公園」や日本の「西表石垣国立公園」（沖縄県八重山諸島）などは自然公園なので「ダークスカイ・パーク」のカテゴリーで認定されている。
一方、井原市美星町は、人里から遠い自然公園ではなく、人々が実際に暮らしているまちなので、該当分野は自治体が対象のコミュニティ部門「ダークスカイ・コミュニティ」となる。つまり、人も企業も含めた地域コミュニティ全体が評価対象なので、道路灯や防犯灯、生活や企業活動に必要な屋外照明を点灯しながら夜空の暗さを保全するという難題を解消しなければならない。そのため、夜間照明に関する条件など、様々な認定基準が設けられている。住民や企業の理解・協力も必要なことから、５つのカテゴリーの中で最もハードルが高い。その「星空保護区®（コミュニティ部門）」＝「ダークスカイ・コミュニティ」の認定申請を、井原市美星町は２０２１年4月28日付で完了した。認定された場合、アジア初の快挙となる。

井原市美星町が、この「星空保護区®」に取り組み始めたきっかけを井原市観光交流課に質問したところ、大きく分けて2点が示された。「１つは『星の郷』としての危機感を感じ始めたことです。１９８９年に国内初の光害防止条例を制定したまちとして、30年以上にわたり光害に対する取り組みや、星の郷としてのまちづくりを進めてきましたが、近年の技術の進歩により、急速にまち灯りがＬＥＤ化され、屋外照明の数が増える中にあって、以前より『星空が見えにくくなった』との声も聞かれるようになったこと。２つ目は市職員が、２０１６年に『星空保護区®』の存在を知り、これからの観光をはじめとした地域活性化には世界基準の評価である同認定の看板が必要であると考えたことです」。

ここで注目したいのは、井原市美星町は世界基準を目指した点だろう。「星空保護区®」の認定を受ければ、井原市美星町の名前、そして岡山県の名前は世界に発信される。そして、アジアでオンリーワンの価値を獲得することは、「日本一の星の郷」と国内外で認められること。実際にまちを訪れる人や関係人口（ファン）の増加が見込めるだけでなく、将来的には欧米からのインバウンド客の増加にもつながるだろう。環境に優しいコミュニティづくりに関心の高い国や地域・企業からの視察、学校・教育関係も含めた環境学習などの申し出も増えるはずだ。

しかし、美星町は30～40年前まで、岡山県内でもほぼ無名のまちだった。そこで、美星町が岡山県を代表する「星の郷」として世界の舞台に躍り出るまでの長くて困難な道のりを少し振り返ってみたい。

「小田郡ってどこ?」「岡山県内?」

『月刊タウン情報おかやま』は、岡山県民で知らない人はいないだろうと思われる老舗のタウン誌だ。その巻末の「読者コーナー」で、１９８３年（昭和58年）から数年にわたり「小田郡美星町」（美星町は２００５年に井原市と合併した）が注目を集め続けた。

当時の同誌編集長は、わが「岡山ペンクラブ」会員の青山融さんだ。「『月刊タウン情報おかやま』での美星町の大ブームは今も鮮明に覚えていますよ。『読者コーナー』は読者からの愉快な投稿を紹介するページでした。その中に『ローカルアワー』という欄があり、美星町の話題で大賑わいとなりました」と懐かしむ。「最初の投稿は１９８３年3月号。『小田郡美星町にはスゴイ牛乳があるのです。「美星均質牛乳」！　農協です。なんとも濃くて甘いのです。これを手に入れるには、美星町のAコープにゆくしかありません。どうだまいったか。（常識をこえたNYLON　PACK２００cc製造年月日なし／岡山市）』。この投稿に対し、編集部のキャラクター『星子』がつけたコメントが、『う～んおいしそう。しかし製造年月日がないというのが恐ろしい。ところで、小田郡ってどこ?』でした」と青山さん。

県内の情報誌のスタッフも知らない小田郡……。岡山市民の目に美星町は、はるかなる未知の辺境として魅力的に映ったのだろうか。この投稿をきっかけに、美星町内では不思議な現象が見られるようになった。当時、美星町役場の職員だった伊達卓生さん（現・美星天文台）は、町内のスーパー「Aコープ」で働く友人に、こう質問されたそうだ。

「最近、町外からオートバイに乗って牛乳だけ買いに来る人がおるけど、あれは何？」。

その頃、美星町では乳牛が盛んに生産されていた。「美星牛乳は、美星町の小学校の給食にも出されていました。ビニール袋に入っていたんですよ。テトラパックでも、ビンでもない、ビニール袋です。低温殺菌牛乳なので、品質管理の難しさから町外では販売していなかったんです。そのため『月刊タウン情報おかやま』の読者を中心に『美星町に珍しいものがある』というウワサが広まり、わざわざ牛乳を飲むためだけに訪れる人が増えていったようです」と伊達さん。

その後、同誌には「牛乳が濃くておいしい！」という感想に加え、岡山市や倉敷市などから美星町を初めて訪れた人、美星町出身で町外に住んでいる人、そして美星町民からも次々とおもしろネタが投稿されるようになった。

ここで、青山融さんの随筆『美星はいかにしてローカルの星となったか』（『星の郷ものがたり』より）の中で紹介されている読者の投稿記事を抜粋して紹介しよう。

「確かにうまかった。値段も安い。往復の交通費が２０００円以上かかったが」

「美星牛乳のポリパックには、美星ならではの風格がある」「何といっても坂が

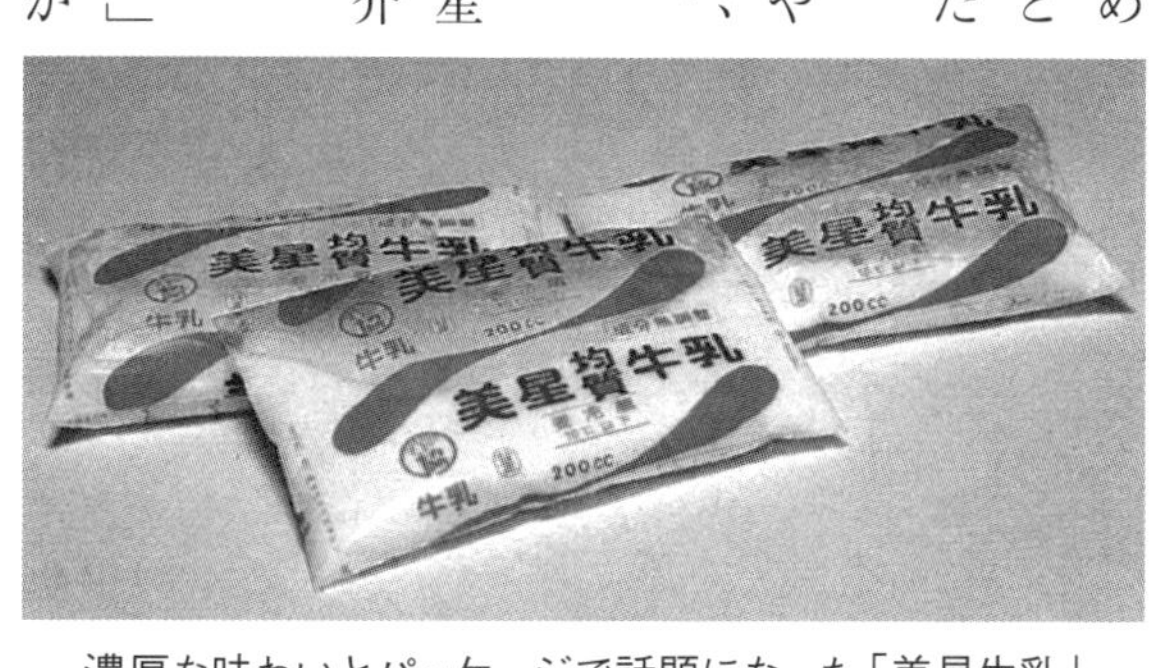

濃厚な味わいとパッケージで話題になった「美星牛乳」
（写真提供／伊達卓生さん）

すごい。矢掛〜美星線は最近できた道路だけど、カーブと坂ばっかし」「200cc53円と聞いて、いきなり10パックも買ってしまいました」「美星牛乳は飲めるし、美しい星も見せてもらった」「想像を絶する魔の秘境だった。(中略)車で二時間あまり乗りまわしたと思ったら、なんとさっきの場所にもどってしまっていた」

美星町に関するこのような投稿は、1983年3月号から1987年8月号まで、約4年間も続いたというから驚きだ。「美星のある若者が仕掛け人であることに薄々感づきながら、編集室もその盛り上がりに乗っかったんです」と青山さん。こうして美星町は「牛乳のまち」として岡山県内での知名度を高めていった。

天文研究者の間では注目されていた「星の郷」

「美星町」は1954年、小田郡の美山村・堺村・宇戸村と川上郡日里村の4村が合併して誕生した。美星の名は、美しい星が見えることを意識したものではなかったようだ。では、「星」とは全く関係がないのかといえば、そうでもない。

美星町には「昔、星が3か所に落ちた」という降星伝説がある。その星は「星尾神社」「高星神社」「皇(すめらぎ)神社(明神社)」の3社に、それぞれまつられたと伝えられている。

「星尾神社」創建の由緒を記した看板には、「住民は、深く北辰を信仰していた」とある。「北辰信仰」は北極星を神と崇める信仰のことだ。また、「承久年間順徳帝の御代に流れ星が落下。水田中で光り輝いていた。この地の豪族妹尾兼定は、これを採りこの地に小祠を建て奉祀し住民は明神様として厚く信仰した」とも書かれている。さらに「笠岡沖で毎年不漁が続くので、易ったところ北方に神威のはげしい神様の神殿が、南向きに建てられているためだとのお告げにより漁師たちが星田へ来て神殿の方向を替えるよう懇望され、北向きに建てたという。以来豊漁が続き、毎年の祭礼には笠岡から魚三荷が奉納されていた」と続き、笠岡地域の漁民の信仰も集めていたことがうかがえる。確かに、現在の社殿は北向きに建てられている。

また、「高星神社」縁起を記した看板には「降臨した星の光が強すぎた為、不漁になったといって、笠岡方面の漁民が魚を持って参りだしたと伝わる」とある。

このような星にまつわる伝説はロマンの域に過ぎないが、天体観測分野でも美星町の星空の価値は古くから認められていた。１９６０年に国立天文台が日本で初めて大型望遠鏡を岡山県に設置した際には、その候補地の一つに美星町が挙げられ、研究者による検分が行われた。天文研究者の間では、岡山県の西南部の気候が天体観測に適していることが古くから知られており、新星や彗星の発見で世界的に著名なアマチュア天文家・本田實さんも何度となく美星町で観測を行うなど、美星町付近の星空の質の高さが注目されていた。

さらに、１９８３年には「第六管区海上保安本部　美星水路観測所」が設置された。水路観測所は、船舶の安全な航行に必要な情報を集めるために天体観測などを行う施設だ。ここで集めたデータが解

北向きに建つ星尾神社の社殿

降星伝説が伝わる星尾神社

析され、海図や航海暦などが作られていた。それまでは倉敷市中心部の「倉敷天文台」敷地内にあったのだが、街灯りの影響で夜空が明るくなり観測が難しくなったため美星町の大倉龍王山頂上に移設されたのだ。

すなわち、美星町は元来、「星の郷」としての素質を持っていたのだが、地元では「美星町には何もない」という思い込みから、１９８０年代まで星空の魅力が見過ごされてきた。

「星の郷・美星」いきなり全国区に

先述の通り、１９８３年頃までは、町外から美星町を訪れる客はほとんどいなかった。伊達さんによると「その頃の美星町は、豚、牛、米、タバコの生産が主力の農業のまちでした。農業がだんだん下火になり、『これからは工業と観光に力を入れよう』というのが当時の杉原昇町長の発想でした」と話す。

「星の郷」という言葉は１９８２年（昭和57年）、『月刊タウン情報おかやま』の美星町ブーム前年に登場したようだ。「当時の企画係長・川上岩男さんが、とにかく熱意のあるアイデアマンでした」と伊達さん。長野県知事時代、岡山県独自の補助金制度に手を挙げ、「星の郷☆美星」と書かれた道しるべ看板を町内に建てた。

高星神社

宇佐八幡神社の境内に鎮座する皇神社（明神社）

美星町の形を星マークの形に見立てた看板は、ひときわ目を引いた。美星牛乳を求めて道に迷った人々も、この「星の郷」の道しるべを頼りにしたはずだ。その後、美星町は１９８６年頃から「美星」の名にちなんだ本格的な「星の郷づくり」に乗り出すことになる。

環境庁が、環境庁が財団法人日本環境協会と共催で行う「全国星空継続観察」（毎年、夏と冬の2回実施）は、深刻となった大気汚染に関心を持ってもらうことを目的に、１９８７年夏に始まった事業だ。美星町は、これに参加すべく「美星水路観測所」の協力を得て星空観測会を実施した。すると翌年、観測に参加した全国の自治体のうち１０８の市町村が「星空の街」に選定されたのだ。美星町は「星空の街」として紹介され、全国デビューを果たすことができた。

これを記念し、美星町は県の補助金を活用した星のイベントを企画した。だが、ここで新たな課題が発覚した。まだ天文台のなかった美星町には、星の専門家がいなかったのだ。「星に親しむイベントを開催するには、専門家に教えを請わなければならない」と考えた美星町は、県内の天文同好会など、アマチュア天文家たちに協力を求めた。伊達さんは「岡山県には当時から天文同好会が多く、アマチュア天文家の知識・技術レベルも高かったんです。そのため、『星の郷づくり』に興味を寄せてくださる方々が現れ、しかも、個人所有の天体望遠鏡を会場に持参して、観望会の実施にも協力してくださいました」と話す。

美星水路観測所跡は現在、井原市星空公園として活用されている

こうして１９８８年、岡山県内の天文ファンや文化関係者の協力によって「星の降る夜88」が3日間の日程で開催されたのだが、肝心な観望会当日の天候は雨。仕方なく、役場の職員とアマチュア天文家たちが集まっ

て話した席で話題に上ったのが「光害」だった。インターネットのない時代でも、天文研究者や天文愛好家のネットワークを通じて「アメリカには星空を守る条例がある」という世界の動きを知ることができた。そこで「美星も天体観測に良い条件が揃っているのだから星空を条例で守ってほしい」という声が上がった。

また、「美星を星で売り出すにあたり、イベントだけだと年1回。それで良いのか？」という話になった。「そこで、月例で星を見る会をしようと始まったのが『美星スターウオッチングクラブ』なんです」と伊達さん。１９８９年5月から、ひと月に1回、県内外のアマチュア天文家たちが望遠鏡を持って美星町のグラウンドに集まり、星を見る集いが始まった。一般の人が星に親しむ機会が生まれたと同時に、美星町は、アマチュア天文家が集って互いに研鑽する場にもなった。

そして、「光害防止条例」が１９８９年11月、美星町の美しい星空を守ると共に、省エネや地球環境保護の思想を進めようという目的で制定された。「制定前の１９８９年夏に、光害防止条例に関する公開シンポジウムを開きました。美星町が条例の準備を進めていることをマスコミにオープンにしたことで、条例づくりのプロセス自体が注目され、かなり早くから取材が殺到。条例が制定された時には、県内の全マスコミが来て結構な賑わいでした」と伊達さん。また、国内初の光害防止条例ということで、美星町は全国から注目を集めることになった。

この条例制定後、美星天文台の建設が決まり、１９９３年に開館。当時、一般人が利用できる公開天文台の中では国内最大口径の１０１センチ反射望遠鏡が設置された。専門職員による解説付きで様々な天体を見られ

美星町を☆マークに見立てた「星の郷☆美星」の道しるべ看板

るだけでなく、中・上級者のための観測機器も備えられたため、遠方の学生や研究者も訪れるようになった。

１９９７年の「ヘール・ボップ彗星ライトダウンキャンペーン」では、光害問題の啓発や、地域ぐるみでライトダウンに取り組んだ自治体の中から「星空にやさしい街10選」として、岡山県からは美星町が選ばれた。美星町の名前は、さらに知れ渡り、２０００年には、スペースデブリ（宇宙ごみ）を監視する国内初の施設「美星スペースガードセンター」が美星町に建設された。

こうして、美星町は日本の「星名所」としての地位を確固たるものにした。

「天文王国おかやま」の発展に貢献してきた美星天文台

美星天文台の年間入館者数は、コロナ禍前の２０１９年実績で年間1万６８５６人（一般来館者数※会員除く）。井原市美星地区の人口３７７０人（２０２1年6月末）の3倍以上を集客している。

「最初から、ここまで人気の場所になるとは思っていませんでした」と伊達さん。「天文台の開設前、町は、主な利用者となるアマチュア天文家の人々に丁寧にヒアリングし、ニーズを探りました。当初は、宿泊施設の屋根に観測ドームが付随したような、簡易な天文研修館程度の規模で考えていました。しかし、ヒアリングの結果、団体で星を見るニーズは意外に少ないことが判明。『きちんとした天文台を作ったほうがいい』という判断に至りました」。

美星天文台は、天文学の普及・指導という役割を果たすべく、常に最新の情報や知識を提供できる、アマチュア天文家の拠点となる道を選択した。「ユーザーの声を聞いたことが良かったと思います。当初の天文研修館規模の施設だったら、今、どうなっていたか分からないですね」と伊達さん。

１９９０年頃の「ふるさと創生事業」により、全国各地で天文台建設が進められた。しかし、その多くが現在は閉鎖や休館に追い込まれている。原因の一つが、利用する人や管理者・技術者を育ててこなかったことだ。

一方、美星天文台は、「人々とロマンをつなぐ架け橋でありたい」という思いから、地道に愚直に「人づくり」を継続してきたという。こどもや一般の天文ファンに星や宇宙の魅力を伝える活動に加え、アマチュア天文家やプロの研究者にも信頼性の高い情報やデータ、技術などを提供。「美星に来れば最新の情報が得られるし、独自の観測を行っている研究拠点としての信頼性も高い」と伊達さん。天文台の建設から関わった現・天文台長の綾仁一哉さんの存在も大きい。美星天文台があったから岡山県は「天文王国」となることができたし、ハイレベルなアマチュア天文家を育成することができたと言って良いだろう。

1989年に誕生した「美星スターウオッチングクラブ」は美星天文台の開館後、会員制ファンクラブのような組織になった。年会費を払うと入館料が無料になる、会報や美星町の情報が送られてくるなどの特典があり、会員は全国に及ぶ。

現在、美星スターウオッチングクラブ理事であり、ボランティアで星空案内も行っている東金和義さんは「定期的に行われる『ボランティア勉強会』で天体観測や、スマートフォンを使った天体撮影、星空案内の技術を磨くことができました」と話す。「客として美星天文台に行って見せてもらった天体と、スタッフの皆様の対応に感動し、いつか自分も人を楽しませる星空案内人になろうと思い、ボランティアとして通い始めました。美星天文台の綾仁台長をはじめ、職員の皆様に温かく見守っていただきながら、夜間公開など、いろいろなイベントの手伝いをさせてもらっています。私たちボランティアスタッフの意見も積極的に取り入れてくださっています」と話す東金さんは、浅口市で開催される「星月夜のコンサート」の運営にも携わっている。「美星天文台の夜間公開で、私が星空案内を担当した方が浅口市で開いたコンサートにも来てくださってうれしかったです。拡張リニューアル工事で便利になる美星天文台を、少しでも盛り上げることができたらいいなと思っています」と意欲を燃やしている。

美星町の「光害防止条例」は2005年の井原市との合併後、「美しい星空を守る井原市光害防止条例」として引き継がれた。これにより、光害や星空に関心を持つ人の輪が美星町内から井原市内へ広がり、井原市民の中から「美星スターウオッチングクラブ」に入会する人、ボランティアで星空案内を務める人も現れた。市内外に住むプロ研究者と天文ファンによる女性だけの「天女の会（天文女子の会）」も活動している。2020年には、井原市文化協会専門部の中に天文部が誕生。「いばら星空クラブ」の愛称で会員を募り、天文や星・宇宙について学びながら、井原線井原駅前の広場で月1回程度、「まちかど観望会」を開催。広く一般の人やこどもたちに星を見る機会を提供している。同クラブは2021年、「より専門的な、有資格者レベルの知識を得たい」という受講生の要望に応え、「星空案内人®」の公式テキストを用いて基礎から分かりやすく、本格的に天文を学べる講座に進化させている。

さらに、美星町観光協会は、井原市の委託事業として「星空観光ガイド養成講座」（全5回、各2時間）の開講準備を進めている。星空のガイドだけでなく、美星町の歴史や文化、観光地などについても案内できるガイドを養成することが目的だ。あくまで有償のガ

美星天文台

イドとして、継続的に活動できる「稼ぐまちづくり」の根幹をなす存在となってほしいと期待している。井原市美星振興課（美星町観光協会）の小川貴史さんは「最終的な目標として、これらを統括して請け負う『まちづくり会社』を立ち上げ、中心となってまちを盛り上げてもらう、それに若者を中心としたやる気のある人材が続いて行く、こういった形が理想的です」と話している。

星空保護区®（コミュニティ部門）の高いハードルを乗り越える

こうして「星の郷づくり」「人づくり」を一歩ずつ着実に進めてきた井原市美星町は2021年4月28日に「星空保護区®」認定申請を完了した。

井原市観光交流課によると「ダークスカイ・コミュニティ」認定に必要とされた、主な条件は次のとおりだ。「①光害を防止する屋外照明の使用に関する条例が施行されていること。②屋外照明に関して、上方光束0％（水平より上に光が漏れないこと）、色温度3000ケルビン以下（電球色）などの基準に準拠するよう改善すること。③地域住民や地域関係者の光害・星空保護への理解。④光害に関する講演会、星空観望会や星空ツアーなどの体験プログラムが定期的に行われていること」。

条例については、美星町時代から30年以上に及ぶ取り組みの実績があったが、「星空保護区®」の認定基準を満たすには規定の見直しが必

国際ダークスカイ協会（IDA）の認証を受けた「星空に優しい照明」で必要な場所をムダなく効率的に照らしている

要であったため、一部改正を実施（２０２０年12月）。③・④については、定期的なセミナー開催や星空観望ツアーの誘致といった取り組みを実施し、市内外への啓発にも努めることで、認定に向けた機運の醸成を図ってきた。「最もハードルが高かったのは②の屋外照明です」と井原市交流観光課の藤岡健二さん。「認定に向けた取り組みを始めた時点では、要件に見合う照明器具（防犯灯・道路灯）が国内にはない状況でした。そこで、市と協議を重ねたパナソニック株式会社に新たな器具を開発していただき、２０２０年１月に『国際ダークスカイ協会』の認証を得ることで、この難題の一歩目をクリアできました」と苦労を話してくれた。

さらに、懸念された照明器具の取り替え費用については、クラウドファンディングを活用。美星町観光協会では、２０２０年１月から２月にかけて、「びせい星守プロジェクト」と題して、光害対策型の屋外照明器具の取り替え作業や啓発活動にかかる費用をクラウドファンディングで募ったところ、目標の３倍を超える金額が集まり、最終的な支援者３５９人、５９２万２０００円を調達できた。井原市美星振興課の小川さんは「支援者の方の分布は、およそ岡山県内７割、県外３割です。北海道、福島県、東京都、愛知県、大阪府、香川県など、全国各地から多くのご支援をいただきました」と改めて感謝の気持ちを述べられた。また、「市内外から多くの共感を得たことで取り組みを加速させることができました。応援メッセージもたくさんいただきました」と井原市観光交流課の藤岡さん。長年の「星の郷」としての活動実績とファンづくりが功を奏したと言えよう。

井原市は、２０２０年10月から翌年３月までに、美星町内３８９か

光害防止条例制定30周年「びせい星守プロジェクト」達成記念モニュメント（写真提供／美星天文台）

所の全ての防犯灯をはじめ、井原市や岡山県が所管する屋外照明、道路照明も加えた合計740か所の照明を光害対策の照明に取り替えた。

この「星空保護区®」認定申請に向けたパナソニック社との連携による照明器具開発は、国連が推奨する持続可能な開発目標「SDGs（エスディージーズ）」の目標17「パートナーシップで目標を達成しよう」に関わる成功事例として、インターネットやテレビ、雑誌など様々なメディアで取り上げられた。また、美星町観光協会によるクラウドファンディングも大きな話題となった。「認定申請に至るプロセスそのものが多くのメディアから注目されており、大きな手応えを感じています。様々な媒体で紹介されることで、地域住民にも『自分たちのまちはスゴイんだ』という誇りが芽生え、ふるさと井原・美星の愛着の醸成につながるのではないかと期待しています」と藤岡さんは話している。

星空保護区®認定後の課題は宿泊先とオーバーツーリズムへの対応

こうして、全くの無名から世界レベルまで進化してきた美星町。今後、岡山県の観光の顔になる可能性はあるだろうか。

「観光面についても、認定を受けることは大きな影響があると考えています」と小川さん。「石垣島を例に挙げると、認定を受けたことで、世界中から取材があり、旅行会社の数が激増するなど、実績として良い影響があったようです。現在は、井原市と美星町観光協会が中心となり、美星町の一番の課題である受け皿整備について検討しております。宿泊施設、飲食店、観光施設、体験プログラムなど、実際に観光客が増加した後のことを考えることが重要です。星空観光ガイドの養成も、その一つです」と話す。

また、井原市観光交流課の藤岡さんは「星空保護区®に認定されると環境先進地域としての国際的な評価が得られ、ブランド価値が向上することで、訪問客の増加、観光消費の拡大、地域経済の活性化、観光産業への参入促進といった経済の好循環を期待しています。また、全世界にプレスリリースされることから、環境意識の高い欧米への訴求も図れますので、将来的なインバウンド誘致も期待できます。また、移住促進の面でも、訪問客の増加から、関係人口（ファン層）創出、将来的な移住、ふるさと納税促進、美星の取り組みや環境に魅力を感じて度々訪れるリピーターを獲得したいと思います。将来的に移住につながればベストです。一度町外に出た出身者が、ふるさとに誇りと愛着を感じて、戻ってくる流れになれば」と前向きだ。「教育面でも、光害対策に関心を持つ個人・事業者・団体・機関などの視察受け入れにも対応したいと考えています。この取り組みの理念を継続して広く発信していく考えです。地方創生のまちづくりを進めていくため、関心を持つ事業者や団体等と積極的に連携を図っていきます」と具体例を挙げて話す。さらに、「美星町だけで完結させるのではなく、井原市街地への回遊や、高梁川流域や備後圏域への周遊など、広域での取り組みにより、訪問客の長期滞在につなげていければと考えており、現在、宿泊事業者はもとより、旅行事業者や交通事業者との連携も進めているところです。また、受け皿整備として、おもてなしする側の人材育成は大切。いずれにしても、旅行商品の開発につながるよう、多様なステークホルダーの連携により、取り組んでいきたいと考えています」と語ってくれた。

これまでの美星町の観光課題として、町内に宿泊先が少ないため、俗にいう「地域にお金が落ちない」状況にあった。旅行会社からツアーの申し入れがあっても人材不足の影響などから断ってしまう場面が多かったという。また、せっかく訪れても自然相手なので必ず晴れるとは限らず、晴れていたとしても雲が多ければ「満天の星」は望めない。これまでは「星」が好きな人が対象だったので、天候が悪くて星が見えなくても理解を得られたが、対象が広がることにより、幅広い層の客への対応が求められる。さらに、キャパシティを超えて観光客が訪れるオーバーツーリズムの懸念もあり、地元はおもてなし準備を急いでいる。

美星天文台は２０２１年に拡張工事を実施。週末やイベント時に満車になっていた駐車場も、26台から82台へ拡張。屋外の芝生広場を整備し直し、寝転がって流星を鑑賞できるスペースも広げた。また、見学者が並ぶと密になっていた2階テラスは１４７平方メートルを増設。屋外のテラスで実際に星空を眺めながら星座教室などができるようになった。観望時の待ち時間などには、玄関ロビーの壁面に映し出されたオリジナル映像を楽しむこともできるようになるなど、観光客増加に備えている。

「夜間公開の日には、天文台職員のほかに、天文愛好家やボランティアスタッフが交代で星座案内をしています。講習を受講して望遠鏡を操作できる免許を持っておられるスタッフもいます。美星中学校の卒業生から天文学者も輩出しました。井原市と合併したことで、星空案内を手伝ってくださる市民も登場してきました。これからも、もっと、星について語れる人が生まれて欲しいと思います」と伊達さんも期待している。

まち全体で星空を守っている美星の魅力　ずっと継続できるようなことを

美星振興課の小川さんは「『星空保護区®（コミュニティ部門）』の認定を受ける価値は、単に星空がきれいに見える場所と認定されることだけではなく、地域全体で星空が美しく見える環境を維持するための取り組みを行っているというところにあります。コミュニティ部門で認定を受けている地域は、まだアジア圏にないため、認定を受けることで、美星町が他地域の見本となりたい。日本だけではなく世界全体に『光害』に対して

美星天文台前には芝生広場が整備された

問題意識を持ってもらえるよう啓発していく必要があると考えております」と話している。

伊達さんは美星支所長を経て2021年、美星天文台次長に就任した。長年、関わってきた「星の郷づくり」を振り返り、「美星町には何もなかったから知恵を絞ってきました。相手の土俵に乗らず、他ではできない難しいことに、あえて挑戦してきました。『まち全体で星空を守っているんですよ』という姿勢、天文台周辺だけでなく美星町のどこに行っても星が見える、美星町全体が星を見るのに適したまちだということを知ってほしい」と話す。さらに「ずっと継続できるようなことを考えたい」と言葉を続けた。

現在、井原市内の小学生は全員、必ず一度は美星天文台を訪れ、地域学習を行っているそうだ（元来は宿泊を伴う研修だが今のコロナ禍は日帰り）。自由研究や調べ学習などで、星のことや「光害」について学習する児童・生徒からの問い合わせにも応じている。昨年、コロナ禍で中止になった修学旅行の代わりに美星天文台に星を見に来た高校もある。

このように、天文台は教育施設の役割も持っているため、一過性のブームに左右される観光ツアーだけでなく、地域のこどもたちの教育や、修学旅行・ゼミ旅行などの教育観光、天文や宇宙に特化した地域留学などにも活用できる。一般的な星空観光ツアーだと天候によって星空が見えない日があるというリスクがつきまとうが、教育目的や視察であれば、もしも星空が見えなくても天文台が提供できるコンテンツは多い。地域留学や、夏休みなどを活用した滞在型の体験学習に活用できる公開天文台は貴重な財産だろう。

美星天文台の口径 101cm 望遠鏡。青空の中で輝く星の光も感動的だ

また、意外と知られていないのが、天文台は昼間も楽しめるということ。美星天文台の101センチ望遠鏡を使えば、青空の中でキラリと輝く惑星や一等星など明るい天体を眺めることができる。国立天文台4次元デジタル画像を活用して宇宙の姿を立体的に映し出してくれる「4D2U」を専門職員の解説付きで鑑賞することもできる。

「美星町には星のほかに、おいしい食べ物もあるし、『中世夢が原』も『備中神楽』もあります。いろんな準備をしておきたい」と伊達さん。中でも歴史公園「中世夢が原」は自然と触れ合える施設として、コロナ禍で、県内の幼児・児童の遠足利用が増えたそうだ。美星町内には近年、カフェが増え、ワーキングホリデーが可能な宿泊施設「星空ペンション コメット」など、フリー Wi-Fi 環境も整備された。また、今年、町内には、とれたて卵の直売所や、農家体験ができる古民家民宿も誕生するなど、新たなスポットも生まれている。

「晴れの国おかやま」の星空は観光資源

現在、美星天文台は新型コロナウイルス感染症拡大防止のため、入館人数制限が行われ、夜間観望会(夜間公開)も完全予約制だ。人気の日は、1日120人の枠が予約開始から数秒で埋まる。さらに、観光客の増加が予想される今後は、美星天文台や町の対応力を超えた場合を想定し、岡山県全体が連帯を図り、観光支援をしていく体制づくりが望まれるだろう。

美星町内の宿泊容量は限られるからこそ、井原市街や浅口・笠岡、高梁・成羽・吹屋方面、総社・倉敷、真庭など、周辺の市町村と連帯することが互いの利益につながると、井原市も美星町も考えている。「ひと足伸ばせば天の川の見える場所がある」「初夏のホタルと天の川を同時に楽しめる」「星と備中神楽」、これを観光資源として活用しない手はないと思う。

２０２２年の「岡山デスティネーションキャンペーン」では、ＪＲ倉敷駅周辺・ＪＲ福山駅周辺または鞆の浦に宿泊の方を対象に、美星天文台までバスを運行し、星を観る特別ツアーを期間限定で実施する予定だ。美星町での星空案内をツアー商品として企画する旅行会社も出てきた。

井原市美星町から矢掛町を挟んで南に広がる浅口市は「日本一の天体観測適地を守る条例」を制定し、光害を規制している。また岡山県は、美観や清潔さを保持し、きれいで快適な環境を実現する目的で「岡山県快適な環境の確保に関する条例」を２００１年に制定。「落書き禁止」「空き缶等の投棄禁止」「自転車等の放置禁止」と並んで「光害防止」を条例の４つの柱とし、投光器の使用を制限するなど光害に対する規制を設けている。森との共生を図る真庭市・新庄村・西粟倉村などとも、「環境とまちづくり」をセットにした旅行企画でタッグを組めるのではないだろうか。

例えば、コロナ禍により日本の児童・学生の修学旅行の海外化は、しばらく困難が予想される。人数制限、分散化も考えられる。岡山県全体で知恵を絞り、様々な観光誘致策を考えてほしいものだ。

過去の美星牛乳や「光害防止条例」の時と同じように、井原市美星町は今回の「星空保護区®」認定申請についても、早い段階から情報をオープンにし、住民とメディアを巻き込みながらムーブメントの輪を広げ、最終的には目標を達成し、「ふるさとの誇り」を醸成することに成功した。その誇りを今後、広域での地域振興につなげていくには、岡山県民の理解と協力が必要だ。筆者は、岡山県民が「ブームに乗っかり」「おもしろがって」輪を広げていくことが持続可能な成長につながると考えるのだが、どうだろう。

２０２０年からのコロナ禍で行動が制限されることにより、自覚の有無に関わらずストレスを感じている人は多いだろう。こんな時だからこそ、ふるさとの美しい星空を眺める時間は貴重だ。この機会に一度、井原市美星町に足を延ばし、星空とつながる体験を。

「岡山人じゃが2021」執筆者および岡山ペンクラブ会員プロフィル

赤井克己（あかい・かつみ）

岡山ペンクラブ会長。1934年岡山市東区瀬戸町生まれ。神戸大経営学部卒。58年に山陽新聞社入社。編集局長、常務、専務を経て、98年に山陽印刷社長。02年に同社を退任しハワイ・日米経営科学研究所に留学、国際ビジネスを学ぶ。英検1級、国連英検A級、V通訳英検A級。87年山陽新聞連載企画「ドキュメント瀬戸大橋」取材班代表で日本新聞協会賞受賞。2013年大原孫三郎・總一郎研究会募集論文に「新聞経営に見る大原孫三郎の先見性と革新性」が入選。著書に『67歳前社長のビジネス留学』（私家版）『おかやま雑学ノート』（第1集～第18集）、『瀬戸内の経済人』『続瀬戸内の経済人』（以上吉備人出版）、『岡山人じゃが』（共著・吉備人出版）など。岡山市北区在住。

池田武彦（いけだ・たけひこ）

1939年生まれ。関西学院大学卒。62年に山陽新聞社入社。編集局経済部長、東京支社編集部長、論説主幹などを務め2000年2月定年退職。2013年まで「おかやま財界」編集長。著書に『漱石の〝岡山人脈〟をたどる』（山陽新聞出版センター）、『岡山人じゃが』（共著・吉備人出版）。岡山市北区在住。

石津圭子（いしづ・けいこ）

1968年福岡県北九州市生まれ、1981年岡山市に転入。岡山大学文学部卒。92年編集プロダクション㈱エディターズ（岡山市）入社。旅情報誌『マップル』（昭文社）や雑誌『Myおかやま』（山陽新聞社）などで編集・ライティングを担当。広告デザイン事務所勤務を経て2003年フリーライターに。雑誌『オセラ』創刊号より82号まで『追憶のモニュメント』連載執筆。著書に『岡山人じゃが』（共著・吉備人出版）。岡山市南区在住。

猪木正実（いのき・まさみ）
1945年岡山県井原市生まれ。九州国際大学法経学部卒。69年岡山日日新聞社入社、経済、岡山市政、岡山県政を担当。81年瀬戸内海経済レポートに出向、取締役、常務を経て08年退任し顧問。この間編集長二十年。著書に『繊維王国おかやま今昔』『土光敏夫の世界』『守分十の世界』『三木行治の世界』『野崎邸と塩田王野崎武左衛門』『岡山の銀行』『人見絹枝の世界』（いずれも岡山文庫）『ツバル2010』（河田雅史共著）。玉野市在住。

今西宏康（いまにし・ひろやす）
1964年兵庫県神戸市生まれ。83年岡山県立岡山大安寺高等学校卒業。89年筑波大学社会学類卒業。新日本製鐵入社。95年岡山に帰郷。伯父・父の事業に参画。2007年今西農園開設。17年合同会社オフィスイマニシ設立。岡山の地方創生に一石を投じようと人物伝の執筆を開始する。著書に『恕の人犬養毅』（吉備人出版）、『慶長三年醍醐寺の夜』『令和時代に生かす「易経」』ほか。和気郡和気町在住。

日高　一（ひだか・ひとし）
1931年神戸市生まれ。早稲田大卒。58年山陽新聞社入社、津山支社編集部長などを経て89年定年退職。04年旧満州での戦争体験『間島の夕映え』が山陽新聞創刊125周年記念企画として連載される。日本ジャーナリスト会議会員。著書に『津山城物語』『夕映え』『笠岡諸島』（以上山陽新聞社）、『岡山人じゃが』（共著・吉備人出版）など。岡山市北区在住。

廣坂武昌（ひろさか・たけまさ）
1939年生まれ。1958年岡山東商高卒業、山陽放送入社。総務、営業、管理、事業、支社などで勤務。平成12年（2000年）定年退職（在社中岡山大学法経短期大学部卒業）。2003年佛教大学仏教科卒業、09年同大学院仏教文化専攻修了。現在現代美術「寥」後援会理事、佛教大学仏教学会会員、（公財）岡山市シルバー人材センター職員（派遣コーディネーター）、田賀屋狂言会事務局長、光匠園（造園）顧問。著書に『狂言綺語の過ちは』、『岡山人じゃが』（共著・吉備人出版）。岡山市北区在住。

（特別寄稿）
繁森良二（しげもり・りょうじ）
1937年高梁市生まれ。慶應義塾大学法学部卒。1961年に天満屋入社。営業、販売促進、外商を経て、86年より米子天満屋開設のため5年間米子市に駐在。89年米子天満屋初代店長。92年天満屋取締役。96年天満屋常勤監査役。98年に岡山スポーツ会館代表取締役に就任。2003年に退任。同時に社会福祉法人旭川荘顧問に就任し、創立50周年記念資料館の開設、記念誌の編集発刊に尽力する。08年退職と同時に特定非営利活動法人AMDAボランティアセンター参与に就任し、東日本大震災の復興支援などに従事。その間、NHK中国地方番組審議委員として4年間毎月広島へ通い、最後の2年間は委員長を勤める。13年、矢掛町の第3セクター・株式会社やかげ宿代表取締役専務に就任し、矢掛の古民家を活用した町興しに携わり、「やかげ町家交流館」を新設。やかげ郷土美術館など活かした町の活性化に力を発揮。21年退任。著書に『縁やこーら　あしとこころで米子1800日』（91年5月刊）。岡山市北区在住）

●岡山ペンクラブ

2003年6月に発足した文化団体。岡山の文化の発展を願い、積極的に発言・提言することを目的としている。現在の会員は、地元新聞社、放送局、出版社で活躍したOBや現役編集長など文筆活動にかかわる人たちが中心である。これまでに『岡山人じゃが―〈ばらずし的県民性論〉』（2004年）、『岡山人じゃが2―〈ばらずし的県民〉の底力』（2005年）をはじめ、2009年から『岡山人じゃが』シリーズを出版。

●岡山人じゃが 2021

●岡山ペンクラブ・編
赤井克己／池田武彦／石津圭子／猪木正実／今西宏康／廣坂武昌

●題　字　稲岡健吾

●イラスト　横幕朝美

●発行日　2021 年 9 月 30 日

●定　価　本体 1200 円＋税

●発行所　吉備人出版
〒 700-0823　岡山市北区丸の内 2 丁目 11-22
電話 086-235-3456　ファクス 086-234-3210
ウェブサイト www.kibito.co.jp
E メール books@kibito.co.jp
郵便振替 01250-9-14467

●印　刷　株式会社三門印刷所

●製　本　株式会社岡山みどり製本

ISBN978-4-86069-663-4　C0095